木质林产品质量控制与风险评价

钱世江　金　钰　于　磊　孟海波　白社娟　主编

黄河水利出版社

·郑州·

内 容 提 要

本书在介绍木质林产品概念及分类和木质林产品行业概况及主要问题基础上，详细介绍了实木复合地板、浸渍纸层压木质地板、实木地板、浸渍胶膜纸饰面人造板、浸渍胶膜纸饰面胶合板/细木工板、混凝土模板用胶合板、集成材、胶合板、细木工板、刨花板、纤维板、防腐木等林产品产量概况、相关标准、质量分析情况，并介绍了桐木及其制品产品质量及市场分析、木质林产品质量安全风险评价、木质林产品相关法律法规及标准要求。

本书可供从事木质林产品生产、销售的相关人员阅读参考。

图书在版编目(CIP)数据

木质林产品质量控制与风险评价/钱世江等主编. —郑州：黄河水利出版社，2020. 9

ISBN 978-7-5509-2811-4

Ⅰ. ①木… Ⅱ. ①钱… Ⅲ. ①林产品-产品质量-安全风险-风险评价 Ⅳ. ①F762. 4

中国版本图书馆 CIP 数据核字(2020)第 176602 号

出 版 社：黄河水利出版社　　网址：www. yrcp. com

地址：河南省郑州市顺河路黄委会综合楼 14 层　邮政编码：450003

发行单位：黄河水利出版社

发行部电话：0371-66026940、66020550、66028024、66022620(传真)

E-mail：hhslcbs@126. com

承印单位：广东虎彩云印刷有限公司

开本：890 mm×1 240 mm　1/16

印张：9. 75

字数：225 千字　　印数：1—1 000

版次：2020 年 9 月第 1 版　　印次：2020 年 9 月第 1 次印刷

定价：60. 00 元

《木质林产品质量控制与风险评价》

编委会

前　言

我国是木质林产品生产和消费大国，改革开放以来，林业产业的快速发展有效促进了经济社会的健康发展。然而，当前人民生活水平不断提高，节约资源和环境保护意识不断增强，我国木质林产品质量的总体状况与满足人民群众日益增长的客观需要还有较大差距。近年来，木质林产品质量安全事件时有发生，已引发全社会的广泛关注。

对木质林产品质量安全进行风险管理是实现木质林产品质量安全管理科学化、推动产品质量安全相关部门协调与合作的一种途径。将风险管理技术运用于木质林产品行业，可充分发挥其预测和管理潜在风险的功能，将木质林产品中存在的主要风险隐患评价，提高木质林产品质量安全水平，预防质量安全事故的发生，保证木质林产品行业健康发展和人们安全生活。提高木质林产品质量安全，维护人民群众切实利益，对促进经济社会健康发展，具有十分重要的意义。

基于此，本书在理论学习与调查研究的基础上，开展了木质林产品质量安全风险评价与控制研究。具体以原木、锯材、人造板、木家具、木地板、结构用木材及防腐木材产品为主要研究对象，采用定性分析、定量分析、案例分析和对比分析等研究方法，对木质林产品进行质量安全风险的识别、评估和防控，提出针对木质林产品中的各类风险的措施和建议。因此，研究木质林产品质量安全风险评价，对于预防和控制木质林产品质量安全风险具有重要的理论和实践意义。

全书内容涉及面广，从理论到实际应用，结构完整，数据翔实，重点突出。本书可供高等院校、科研院所教学、科研参考，也可为政府、企业等相关部门的产品质量安全风险管理工作提供一定的参考。

本书的撰写得到了中国林业科学研究院木材工业研究所有关领导、专家的大力支持和帮助，在此表示衷心感谢。

受笔者学术水平和经验所限，书中难免存在不足之处，恳请广大读者和专家批评指正。

编　者

2020 年 9 月

目 录

前 言

第 1 章　木质林产品概念及分类

1.1　木质林产品的概念

关于木质林产品,没有一个明确的定义。目前,根据研究内容和研究目的的不同,不同国家的研究者及研究机构对其定义也不同。

1982 年,FAO(联合国粮农组织)在木质林产品定义和分类中,对木材的描述是"木材(未加工)是指自然状态的倒木或采伐的木材,带皮或去皮的,圆形、劈开的,大致成方形或其他形状(如树根、树桩、树瘤等)的木材,包括从采运点获得的所有木材,即从森林或森林外采伐的树木"。可见,FAO 所指的木质林产品来源于森林,FAO 确定的木质林产品范畴主要包括原木、锯材、人造板、纸浆等,还包括竹藤类等部分产品。

《中国林业统计年鉴(2000)》所附的《进出口主要林产品》,将林产品分为非木质林产品和木质林产品。其中非木质林产品主要包括苗木类,菌、竹笋、山菜类,果类,茶、咖啡类,调料、药材、补品类,林化产品,竹藤软木类;木质林产品主要包括原木类、锯材类、单板类、人造板类、木制品类、纸类、家具类及其他。

近几年不少学者在对木质林产品碳储量和碳排放的研究过程中,将木质林产品分为广义的木质林产品和狭义的木质林产品。广义的木质林产品是指采伐后的木质林产品(Harvested Wood Products, HTP),也简称为木质林产品。上述均是指从森林中采伐的、用于生产诸如家具、胶合板、纸张和纸类等日用品或用作能源的木质材料。另外,其他非木材纤维类产品包括竹藤类及其他一些植物纤维材料产品也被计入木质林产品。狭义的木质林产品仅指木材纤维类产品,包括工业用原木、薪材和诸如锯材、人造板等木质纤维产品。

也有学者在对木质林产品国际竞争力的实证研究中,将木质林产品分为原木、其他原材、锯材、人造板、木制品、木家具、木浆、纸和纸制品等。

《中国林业发展报告》将中国的林产品分为木质林产品和非木质林产品。其中,木质林产品分为 8 大类,主要是原木、锯材、人造板(包括单板、刨花板、纤维板、胶合板和强化木)、木制品、纸类(包括木浆、纸和纸板、印刷品等)、家具、木片和其他(薪材、木炭等)。

1.2　木质林产品的分类

综上所述,研究侧重点及研究目的不同,使得木质林产品没有完全确定和统一的涵义。考虑到资料的可比性,结合本书的研究目的和研究内容,本书参考了 FAO 分类和《海关统计年鉴》《中国林业发展报告》《中国林业统计年鉴》的统计方法，笔者把木质林产品分为原木、锯材、人造板、木家具、木制品、防腐木材、木结构产品等7类。其中人造板指胶合板、刨花板和细木工板、中密度纤维板等，木制品主要涉及木地板（实木地板、复合木地板和强化木地板）。

第 2 章　木质林产品质量及行业现状

2.1　木质林产品行业概况及主要问题

2.1.1　木制品

我国是木质林产品制造和消费大国。改革开放以来,我国林木制品产业得到快速发展,各类木质林产品稳步提升,具体产量见表 2-1。

表 2-1　2000～2014 年我国主要木质林产品产量

年份	原木（万 m^3）	锯材（万 m^3）	人造板（万 m^3）	木家具（万件）	木地板（万 m^2）
2000	4 395.72	634.44	2 001.66	2 954.00	—
2001	4 197.03	763.83	2 111.27	3 663.00	—
2002	4 127.21	851.61	2 930.18	5 495.32	—
2003	4 319.86	1 126.87	4 553.36	6 557.70	8 642.46
2004	4 712.09	1 532.54	5 446.49	8 350.60	12 300.47
2005	5 022.87	1 790.29	6 392.89	11 328.00	17 322.79
2006	6 111.68	2 486.46	7 428.56	15 064.60	23 399.00
2007	6 492.05	2 829.10	8 838.58	17 467.00	34 343.00
2008	7 357.32	2 840.95	9 409.95	18 947.00	37 700.00
2009	6 476.27	3 229.77	11 546.65	20 501.00	37 800.00
2010	7 543.21	3 722.63	15 360.83	26 073.00	47 900.00
2011	7 449.64	4 460.25	20 919.29	24 800.00	62 900.00
2012	7 494.37	5 568.19	22 335.79	23 897.00	60 430.00
2013	7 836.89	6 297.60	25 559.91	23 646.00	68 925.68
2014	7 553.46	6 836.98	27 371.79	26 345.01	76 022.40

表 2-1 中数据来源于国家林业局 2001～2015 年《中国林业发展报告》、2011～2014 年《全国林业统计年报分析报告》及 2000～2014 年《中国林业统计年鉴》。近年来,中国各类木质林产品产量正持续平稳地增长。从表 2-1 中可知,原木产量增长缓慢,产量维持在一定水平;锯材、人造板、木家具和木地板分别出现较大幅度增长。

2014 年,全国商品材总产量略有减少,为 8 233.30 万 m^3。在全部木材产量中,原木产量 7 553.46 万 m^3,比 2013 年减少 3.62%;锯材产量持续增长,产量为 6 836.98 万 m^3,比 2013 年增长 8.56%;人造板产量保持增长,产量达到 27 371.79 万 m^3,比 2013 年增长 7.09%;木竹地板产量持续增长,产量为 7.60 亿 m^2,比 2013 年增长 10.30%。2014 年全国木制家具总产量 26 345.01 万件,同比增长 1.59%。可见,中国林业产业规模正不断扩大,产业国际竞争力正在逐步形成。

2.1.1.1 原木

原木是按照一定的长度规格将原条加工制成的,分直接用原木、加工用原木、造纸用原木等。原木产品质量的好坏与原木产品的适用性、优良性和经济性密切相关。适用性要求原木产品要符合材种标准,优良性要求原木产品在使用中要安全、耐用,经济性要求原木产品产生一定的经济效果。

根据国家林业局的统计数据,近十几年中国原木产量变化分三个阶段。第一阶段(1991~1996 年),原木产量逐步上升。第二阶段(1997~2002 年),原木产量出现下降(受"天保工程"实施影响),全年原木产量仅 4 127.21 万 m^3。第三阶段(2003 年至今),原木产量逐步恢复,2009 年基本恢复到正常水平,产量达 6 476.27 万 m^3;2011 年与 2012 年中国原木产量基本持平,达 7 494.37 万 m^3;2013~2014 年中国原木产量出现上升趋势,具体如图 2-1 所示。由此可知,近几年,我国木材的国内供给能力出现明显增强趋势。

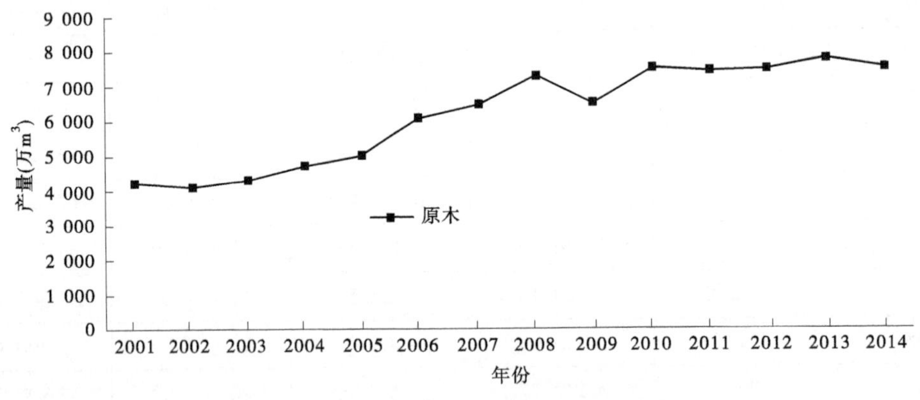

图 2-1 2000~2014 年我国原木产品产量变化

2.1.1.2 锯材

2001~2014 年我国锯材产品产量变化如图 2-2 所示。

2.1.1.3 人造板

2001~2014 年我国人造板产品产量变化如图 2-3 所示。

人造板产品结构以胶合板、刨花板、纤维板和细木工板为主,占到人造板总产量的 90%以上。从产品结构看,2014 年在全部人造板产量中,胶合板 14 970.03 万 m^3,比 2013 年增长 9.07%,占全部人造板产量的 54.69%;纤维板 6 462.63 万 m^3,比 2013 年增长 0.95%,占全部人造板产量的 23.61%;刨花板产量 2 087.53 万 m^3,比 2013 年增长 10.75%,占全部人造板产量的 7.63%;其他人造板 3 851.59 万 m^3(细木工板占 58.28%),比 2013 年增长 8.57%,占全部人造板产量的 14.07%。

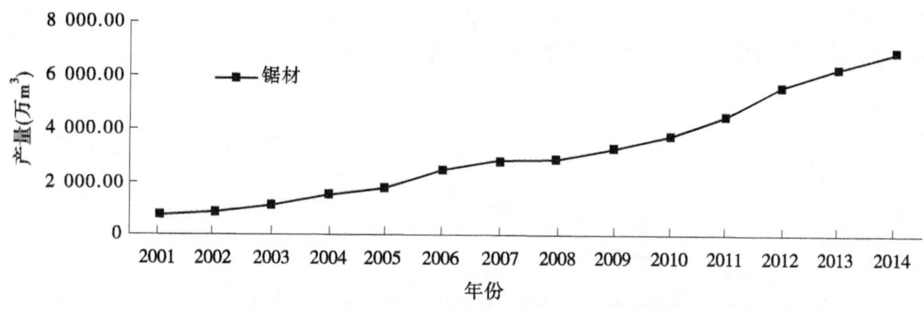

图 2-2　2001~2014 年我国锯材产品产量变化

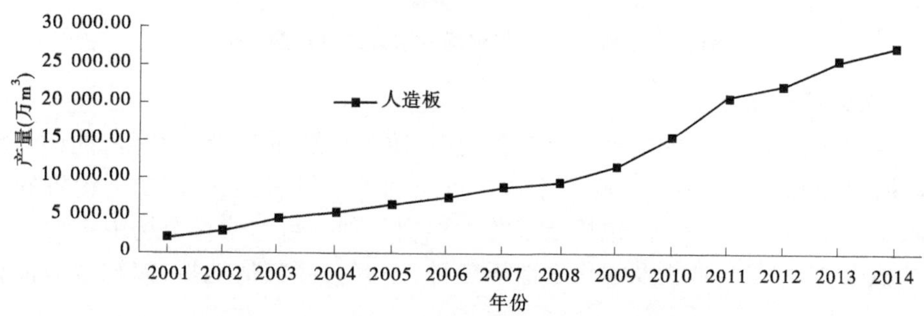

图 2-3　2001~2014 年我国人造板产品产量变化

从分省情况看,山东、江苏、广西、河南、安徽、河北 6 省(区)产量均超过 1 000 万 m^3,6 省(区)人造板产量共计 16 392. 56 万 m^3,占全国人造板总产量的 73. 39%。具体如图 2-4 所示。

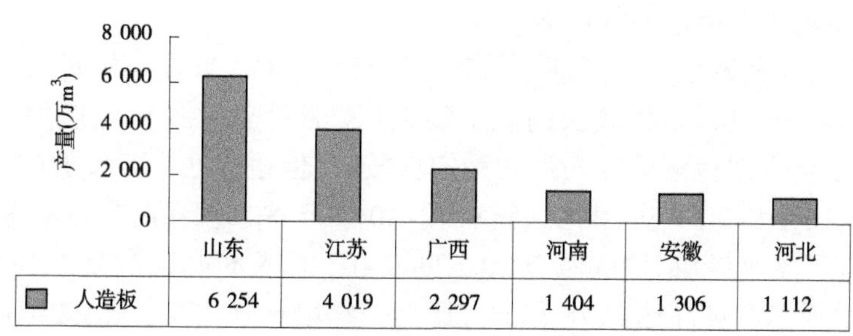

图 2-4　6 省(区)人造板产量排名

2.1.1.4　木家具产品

除装饰件和配件外,木家具主要部件由木材、人造板等木质材料组成。木家具主要包括桌类、柜类、木沙发、椅凳类和床类。按照使用材料,木家具分实木类、人造板类及综合类木家具。

我国家具制造业最先是由手工业小作坊的形式发展起来的,后来经过引进国外的先进生产技术和生产设备,通过消化、吸收和提高,我国家具制造业有了很大的飞跃。目前,中国是世界最大的木家具加工和出口基地,出口地主要在美国、日本、英国等地区。据联合国商品贸易统计数据库(UN Comtrade Database)统计数据,2010 年中国出口木家具金额超过 10 亿美元,约合 2 亿件,出口木家具占总产量的 75%,占世界木家具份额的

30%以上。

2001~2014 年我国木家具产品产量变化如图 2-5 所示。

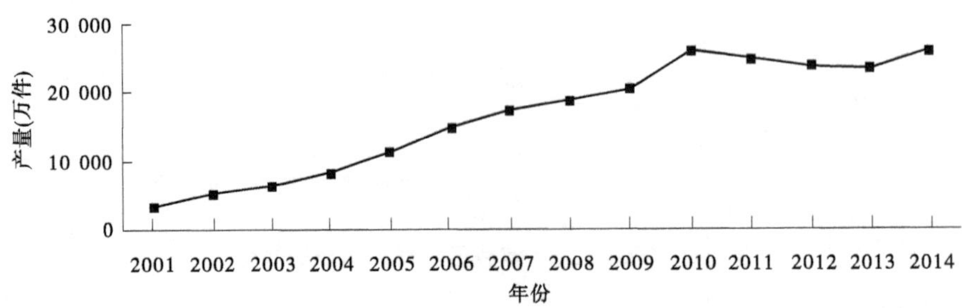

图 2-5 2001~2014 年我国木家具产品产量变化

2.1.1.5 木地板产品

与其他地面材料相比,木地板更具有美观性,质轻且易加工,保温性好,能调节室内温度,有弹性,可缓和冲击等特点。随着木地板行业的不断发展,如今市场上销售的木地板已经不限于实木地板一个品种,包括众多的木地板品种。目前建材市场中木地板产品主要有实木地板、实木复合地板及强化木地板三种,还有一些其他地板,如软木地板和竹地板等。

传统的实木地板以天然木料、珍贵树种为原料,生产工艺没有任何黏结处理。常见的实木地板有平接地板、榫木地板和仿古地板。

实木复合地板有三层和多层实木复合地板,其中多层实木复合地板基材是多层实木胶合板,表层一般是珍贵木材薄片镶拼板或刨切单板,然后加入合成树脂胶热压形成,产品不易变形,但使用中有甲醛释放问题。

强化木地板以三聚氰胺树脂浸渍装饰纸(含耐磨材料)为表层材料,以中、高密度纤维板或刨花板作为中间层材料,底层铺上平衡纸(浸渍酚醛树脂),然后加入合成树脂胶黏接热压形成,强化木地板耐磨性与尺寸稳定性较好,但也存在甲醛释放问题。

木地板产业在中国起步晚,但发展较快。20 多年来,木地板产业有较快发展。据 2000~2009 年国家林业局统计年鉴,2000~2009 年,中国木地板产量总体呈上升趋势。2009 年中国木地板总产量高达 3.78 亿 m^2,比上一年增长 0.17%(见图 2-6),其中实木地板产量为 8 139 万 m^2,占总产量的 21.56%;实木复合地板产量达 11 771 万 m^2,占总产量的 31.14%;强化地板产量为 12 716 万 m^2,占总产量的 33.64%(见图 2-7)。

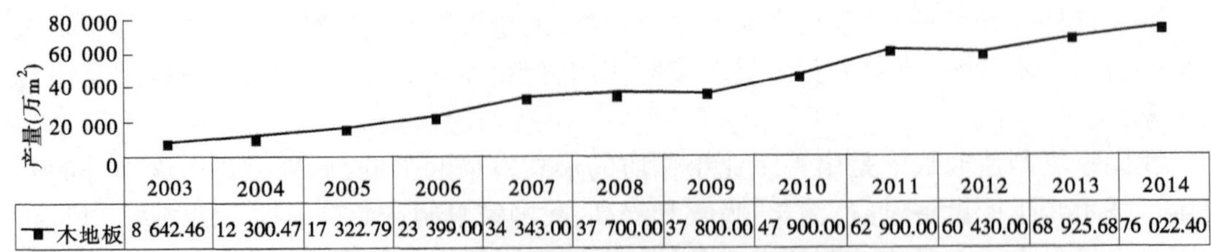

	2003	2004	2005	2006	2007	2008	2009	2010	2011	2012	2013	2014
木地板	8 642.46	12 300.47	17 322.79	23 399.00	34 343.00	37 700.00	37 800.00	47 900.00	62 900.00	60 430.00	68 925.68	76 022.40

图 2-6 2003~2014 年我国木地板产品产量变化

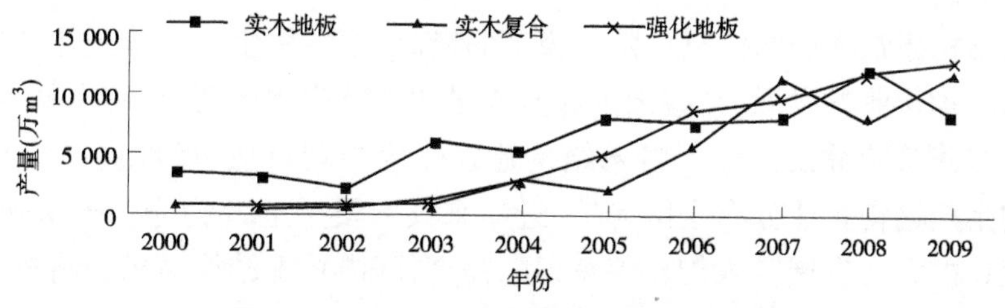

图 2-7　2000~2009 年我国三大地板产量

据《2011 年全国林业统计年报分析报告》，2011 年木竹地板产量达 6.29 亿 m^2，比 2010 年增长 31.29%。其中，实木地板 1.22 亿 m^2，占总产量的 19.40%；复合木地板 3.57 亿 m^2，占总产量的 56.76%；其他木地板 1.03 亿 m^2；竹地板 0.47 亿 m^2。江苏省和浙江省是木竹地板产量大省，产量分别为 1.83 亿 m^2 和 1.15 亿 m^2。

据《2012 年全国林业统计年报分析报告》，2012 年中国木地板总产量达 6.04 亿 m^2，其中，实木地板 1.25 亿 m^2，占总产量的 20.70%；复合木地板 3.71 亿 m^2，占总产量的 61.42%；其他木地板 0.59 亿 m^2；竹地板 0.49 亿 m^2。江苏省和浙江省是木地板产量大省，产量分别为 1.44 亿 m^2 和 1.19 亿 m^2。

据《2013 年中国林业统计年鉴》，2013 年中国木竹地板产量 6.89 亿 m^2，比 2012 年增长 14.07%。其中，实木地板 1.31 亿 m^2，占总产量的 19.04%；实木复合地板 2.58 亿 m^2，占总产量的 37.50%；强化木地板 1.70 亿 m^2，占总产量的 24.71%；竹地板和其他木地板分别为 0.81 亿 m^2 和 0.48 亿 m^2。

中国木地板产业主要有三大集聚区。第一大集聚区是以浙江、江苏及上海为代表的长三角区域，其生产能力占全国木地板产业的 40%以上，尤其是以浙江为核心区域，其他木地板及热带材地板产量占到 30%；另外本区域中江苏和上海的复合木地板产业在全国具有重要地位，显示出长三角地区的科技研发优势和产业结构调整趋势。第二大产业集聚区是以山东、辽宁和吉林为代表的环渤海区域，其生产能力占全国的 23%，主要生产实木及实木复合地板。第三大区域是以广东、福建、湖南和江西为代表的珠三角及周边区域，其中广东生产的实木地板产量占全国的 28%。

由于木地板生产技术含量较低，工艺较简单，一些生产能力不强的企业也混入其中，造成实木地板产品市场混乱，投诉率居高不下，成为我国地板行业的发展障碍，导致行业发展受阻。

2.1.1.6　木结构材产品

木结构是指以木材为主制作的结构。木结构主要有普通木结构、胶合木结构和轻型木结构三种。木结构用材主要有原木、锯材（方木、板材、规格材）和胶合材。其中，普通木结构其承重构件主要采用方木或原木制作形成，胶合木结构主要采用锯材或结构胶合木等工程木产品建造，轻木结构主要用规格材及木基结构板材或石膏板制作。

木材是一种再生的天然资源，且人类习惯使用木材已有悠久历史，在对木材的防腐、防虫、防火措施日臻完善的条件下，充分发挥木材自重轻、制作方便的优点，做到“次材优用”“小材大用”，提高木材的利用率，除继续用于一般建筑外，在大跨度建筑屋盖结构方面有其一定的前途。

目前木结构建筑在中国已具一定规模，国外部分木结构生产经营企业的进入，极大促进了国内木结构行业的发展，一些国内起步较早的木结构制造商、防腐木材生产企业也逐渐强大。许多建筑园林设计公司将木结构建筑作为体现自然、增加产品附加值的首选。国内木结构生产销售企业分布全国各地，近年来其数量呈上升趋势。未来随着休闲城市园林绿化建设的大力发展及人们环保意识的提高，国内竹木结构需求量将进一步增加。

2.1.1.7　**防腐木材产品**

防腐木材产品是经过防腐剂处理，具有一定防腐朽、防潮、防虫、防霉变等特性的产品。防腐木材产品常用在户外木地板、园林景观地板及其他室外防腐木凉棚中。

防腐木材产品主要包括以下几类：

(1)需长期使用的木材及木制品，如枕木、电杆。通过木材防腐技术的应用，可减少维修、维护和更换的次数，相应地也就减少了使用成本。

(2)难以更换的木材及木制品，如建筑、房屋中的梁、柱、檩、屋顶等结构及一些非结构用材。由于维修、更换这些结构及非结构用材，大多数时候要破坏建筑或房屋的结构或需要揭顶、下架施工，工程量很大，成本非常高，使用防腐木材可以大大减少成本。

(3)用在户外、露天或与土壤接触、与水接触等场合的木材。普通木材(未处理)不适合应用在这些木材生物危害严重的场所，防腐木材的出现扩大了木材的使用范围，满足了人们的需求。

我国木材防腐工业是由铁路枕木防腐起步的，2000 年以前一直以生产防腐枕木和电杆为主。2000 年以后，随着国外新型木材防腐剂和防腐木材的引进，木材保护产品由单一化向多元化方向发展，木材防腐工业也迎来了快速发展期。2005 年底国务院转发国家发改委等政府部门《关于加快推进木材节约和代用工作意见》，并首次专门设置了防腐师职业，防腐木材产业成为一个新兴产业。2006 年防腐木材市场高速增长，产品广泛应用于园林景观、小区绿化、旅游景点、家庭装饰等领域。目前，木材防腐产业也初具规模。2000 年中国防腐木材产量仅为 10 万 m^3，2013 年中国防腐木材产量高达 300 万 m^3。中国木材防腐产业总体发展状况如下：

(1)企业数量增多，技术水平不断提高。近年来，随着防腐木材产业的快速发展，一批防腐木材企业新建工厂，生产规模不断扩大，生产设备自动化水平得到提升，并且在新型木材防腐剂、防虫(蚁)剂、阻燃剂技术方面的研究取得明显进展，产品品种不断增加。中国目前有 1 000 多家从事木材防腐、干燥、阻燃、改性等木材保护生产经营的企业，其中从事木材防腐的企业已达 340 多家；全国年防腐木材供应量达 150 万 m^3。中国木材防腐企业主要集中在长三角、珠三角、环渤海及西南地区，其中以上海、北京、浙江、江苏、广东、海南、云南等地为发展中心。

(2)产品应用范围不断扩大，市场前景广阔。近年来，随着我国旅游地产的发展，防腐木材在园林景观、木结构建筑中的应用越来越多，防腐木材产量已经从 2000 年的 10 万 m^3 发展到 2013 年近 300 万 m^3。中国防腐木材产品品种已形成多树种、多品种锯材系列产品,应用范围从户外景观工程延伸到木结构工程,户外木制品,海港、公路、农业和室内高档装饰装修等工程中,甚至应用在奥运会和世博会等国家重点工程中。防腐木材产品在中国有广阔的市场前景。

2.1.2 木质林产品行业发展存在的主要问题

2.1.2.1 人造板行业

一是企业规模不合理。中国的人造板企业规模结构不够合理,小型企业比重大,但其经营效益指标均与大型企业有较大差距,资源综合利用低,资源浪费严重。

二是行业间存在恶性竞争。目前中国人造板企业之间存在恶性竞争,竞争形式以相互压价、低价恶性的无序竞争为主,而不是通过产品创新、产品差异化、产品质量的提高及品牌塑造等手段来参与市场竞争,这在一定程度上导致中国人造板产业产品技术开发慢,产品质量差。

三是行业发展不平衡。中国人造板产业在产业集聚及布局上已形成六大人造板基地,即山东临沂、江苏邳州、广西、河北文安、河南、浙江嘉善等地。中国人造板生产区域主要集聚在这六大生产基地,长期以来,中国人造板在江苏、山东及浙江等地快速发展,经过近几年的调整和产业转型升级,中部河北、河南及西南广西等地的人造板加工业也得到快速发展,并逐步形成了新的产业集群。总之,中国东部省份的人造板产业发展速度要优于西部地区,东部省份的优势资本和设备仍是中国木材加工业主要依赖的对象。

四是产品质量稳定性不高。受资金和人才等条件限制,部分企业不能很好地掌握胶粘剂质量情况,不能合理调整和优化生产工艺,导致产品质量不稳定。另外,部分企业涂胶机、热压机等设备的自动化程度不高,性能不稳,致使产品质量有较大偏差 。

五是新产品、新技术缺乏。整体上,中国人造板企业数量庞大,但创新力不足。除少数企业开始生产新的人造板产品(如装饰胶合板、结构胶合板、地板基材用胶合板等)外,多数企业仍通过拼价格来应对市场变化,企业在品牌建设、资金投入、技术革新等方面差距明显。随着市场竞争加剧及替代产品的出现,人造板企业需加快转型升级。

六是专业人才和管理人才缺乏。总体来说,人造板企业从业人员素质有待提高,人造板企业管理制度还有待完善,人员流动性较大,缺乏专业技术人员,这在一定程度上影响了人造板产品的质量。

2.1.2.2 木家具行业

现阶段,中国木制家具总体质量处于中等偏上水平,但存在地区间发展不平衡、大小型企业分布不均衡、小型家具企业产品质量不稳定、家具产品质量良莠不齐等问题,中国相关部门应重点提高和稳定小微企业家具产品的质量。

2.1.2.3 木地板行业

由于木地板生产技术含量较低,工艺较简单,一些企业生产能力不高,导致产品市场混乱,投诉率居高不下,阻碍了中国地板行业的发展。

2.1.2.4 木结构材行业

木结构建筑在中国有很大的发展前景,但历来因为人们对石灰石和水泥等建筑材料的使用,使得对木材这种环保、节能和抗震的材料重视程度不够。但随着传统建筑材料的逐步用尽,可持续性的木材材料将会成为未来建筑领域中一种最重要的原材料。

2.1.2.5 防腐木材行业

一是企业规模小,技术落后,生产能力不足,处理材种单一,不能满足市场需求。

二是木材防腐剂的危害。经防腐剂 CCA 处理后的木材用于民用建筑给消费者健康和生活环境带来一定的安全风险。另一方面,废旧的防腐木材产品都含有一定的重金属,这些废旧产品的回收也是亟待解决的问题。

三是相关政策法规、标准滞后。目前国家针对防腐木材产品制定了一些国家和行业标准,但因宣传贯彻不到位,标准执行效果不明显。而且市场上已出现了一些有机防腐剂,如 PTI、ACQ、CA、Cu8、CuHDO 等环保型木材防腐剂,但限于没有标准可依,又缺乏专业的检测机构进行检测,导致防腐木材产品质量无法保证。

四是行业监管力度不足。一方面木材防腐剂登记管理制度不够严格。中国部分防腐剂登记是在农药管理部门登记,按照农药登记管理办法进行,该办法并不适用木材防腐剂登记管理。另一方面,中国缺少防腐木材产品质量检验监督机构。对防腐木材产品进行国家级的质量监督和检验是生产者、消费者和政府管理部门等多方面的需求。

2.2 实木复合地板

我国实木复合地板产品主要有三层实木复合地板、多层实木复合地板两类,其中三层实木复合地板起源于欧洲,多层实木复合地板起源于亚洲。20 世纪 90 年代初期我国开始引进实木复合地板,90 年代后期我国实木复合地板进入快速发展时期,目前实木复合地板已成为我国木地板产业的主导产品之一。据中国林产工业协会地板专业委员会不完全统计,2016 年实木复合地板销量约 10 450 万 m^2,占地板总量的 26. 34%。为规范产品生产、保证产品质量,2012 年以来,我国开展了多次实木复合地板产品质量监测工作。2012~2016 年期间,实木复合地板产品合格率较高,且总体呈上升趋势,2014 年产品合格率相对较低,为 97. 7%,2016 年合格率上升到 99. 2%。

2.2.1 基本情况

2.2.1.1 定义

实木复合地板是指以实木拼板或单板(含重组装饰单板)为面层,以实木拼板、单板和胶合板为芯层或底层,经不同组合层压加工而成的地板。图 2-8 为三层实木复合地板产品,图 2-9 为多层实木复合地板。

2.2.1.2 生产工艺

(1)三层实木复合地板生产工艺如图 2-10 所示。

(2)多层实木复合地板生产工艺如图 2-11 所示。

图2-8　三层实木复合地板产品

图2-9　多层实木复合地板产品

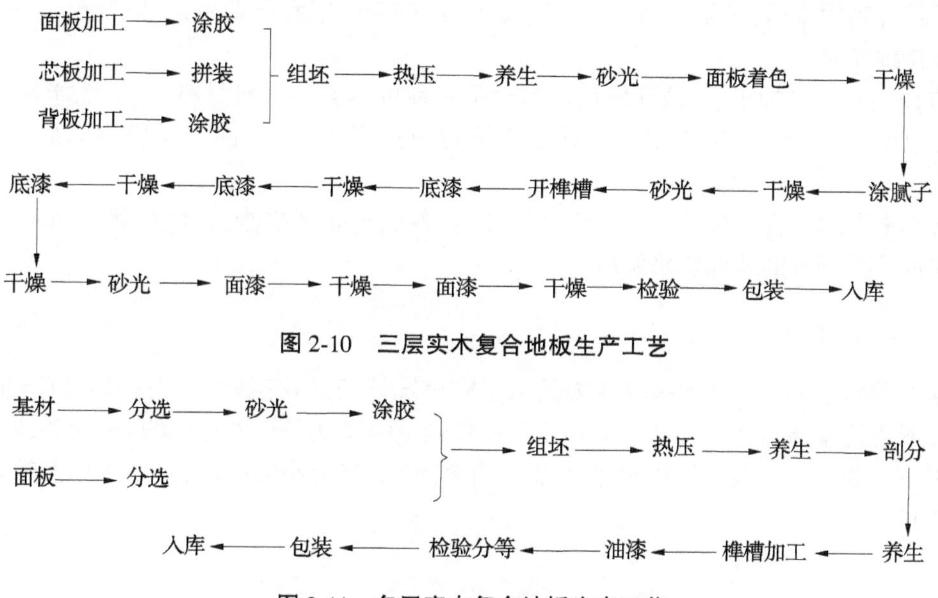

图2-10　三层实木复合地板生产工艺

图2-11　多层实木复合地板生产工艺

2.2.1.3　产品分类

根据推荐性产品标准《实木复合地板》(GB/T 18103—2013),实木复合地板可按面层材料、结构、涂饰方式等分为不同类别,具体见表2-2。

表2-2　实木复合地板产品分类

分类依据	产品名称
面层材料	天然整幅单板为面板的实木复合地板、天然拼接(含拼花)单板为面板的实木复合地板、重组装饰单板为面板的实木复合地板、调色单板为面板的实木复合地板
结构	两层实木复合地板、三层实木复合地板、多层实木复合地板
涂饰方式	油饰面实木复合地板、油漆饰面实木复合地板、未涂饰实木复合地板

2.2.1.4　产品特点

(1)丰富的装饰性能。实木复合地板面层多采用优质天然木材,具有独特的色泽、花纹，通过丰富的表面结构设计，以及染色技术的引入，产品装饰性能更加丰富多彩。

(2)舒适的脚感。木材具有适当的弹性，摩擦系数适中，脚感舒适。

(3)较好的环境调节作用。实木复合地板能调节室内的温湿度，有良好的保温、隔热、隔音、吸音、绝缘性能等。

(4)良好的地热适应性。实木复合地板产品稳定性好，可用于地采暖环境。

(5)优异的环保性能。木材是一种可固碳、可再生、可循环、可降解的天然材料。实木复合地板采用实体木材和环保胶粘剂，通过先进的生产工艺加工制成，因此环保性能优异。

(6)大幅度提高木材的综合利用率。实木复合地板面层采用优质天然木材；芯层和背板多采用速生材；通常产品70%以上是速生材，30%以下是优质木材。因此，大大提高了木材综合利用率，特别是节约了大量优质木材，符合国家和行业的产业政策，有利于国家的可持续发展。

(7)材质好、易加工、可循环使用。木材是一种可再生的天然材料，加工性能好，木质资源可以循环利用。三层实木复合地板面层厚度通常为3~4 mm，地板用旧后可翻新使用。

近年来实木复合地板产品因其优良的性能，备受消费者推崇，广泛应用在家居、会议室及其他公共场所的装饰装修领域。

2.2.2　产量概况

据中国林产工业协会地板专业委员会不完全统计，2016年我国具有一定规模的地板企业总销量约39 680万m^2，其中实木复合地板约10 450万m^2，占总量的26.34%，同比增长9.42%。我国实木复合地板销量在2012年和2015年有小幅回落，但总体呈上升趋势，见图2-12。

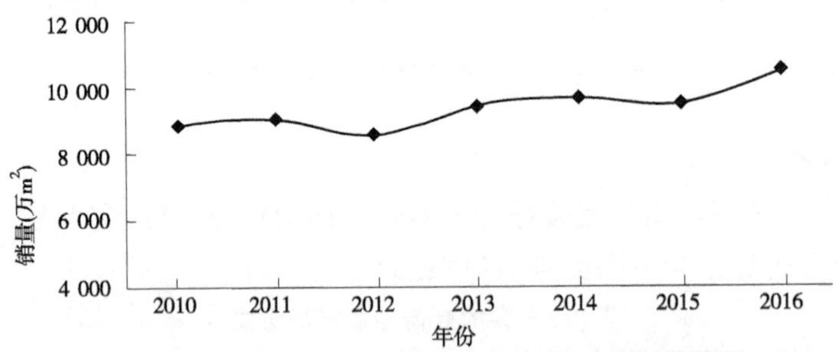

图2-12　2010~2016年我国实木复合地板销量情况

目前我国木地板企业有1 500多家，其中有400多家实木复合地板企业，已形成完整的实木复合地板产业链。从生产基地的分布看，三层实木复合地板的产区主要分布在吉林、江苏、黑龙江等地，多层实木复合地板产区主要分布在广东、江苏、吉林、上海、浙江等地。

2.2.3　相关标准

经过多年的发展，我国实木复合地板产品在结构、用材、性能指标等方面不断创新，产品种类不断增多，出现了对应的产品标准。我国于2000年颁布实施的《实木复合地板》

（GB/T 18103—2000）标准，在指导生产、引导消费、规范市场等方面均起到了积极有效的作用。2014 年 6 月 22 日，《实木复合地板》（GB/T 18103—2013）发布实施，对《实木复合地板》（GB/T 18103—2000）标准进行了修订。

此外，《仿古木质地板》（LY/T 1859—2009）、《阻燃木质复合地板》（GB/T 24509—2009）和《地采暖用木质地板》（LY/T 1700—2007），分别对仿古饰面、阻燃和地采暖 3 种实木复合地板的性能进行了规定。而《实木复合地板用胶合板》（LY/T 1738—2008），则对实木复合地板用胶合板基材的外观、加工精度和理化性能进行了规定。

与实木复合地板相关的标准还有《室内装饰装修材料 人造板及其制品中甲醛释放限量》（GB 18580—2001）强制性标准，规定了室内用实木复合地板的甲醛释放限量及检测方法。2017 年 4 月 22 日《室内装饰装修材料 人造板及其制品中甲醛释放限量》（GB 18580—2017）发布，并于 2018 年 5 月 1 日实施。我国已经颁布并实施的实木复合地板相关标准见表 2-3。

表 2-3　我国已颁布并实施的实木复合地板相关标准

序号	标准编号	标准名称	发布部门	实施日期（年-月-日）
1	GB/T 18103—2013	实木复合地板	国家质量监督检验检疫总局、中国国家标准化管理委员会	2014-06-22
2	GB/T 24507—2009	浸渍纸层压板饰面多层实木复合地板	国家质量监督检验检疫总局、中国国家标准化管理委员会	2010-04-01
3	GB/T 23899—2009	实木复合地板生产综合能耗	国家质量监督检验检疫总局、中国国家标准化管理委员会	2009-11-01
4	LY/T 1738—2008	实木复合地板用胶合板	国家林业局	2008-05-01
5	LY/T 1859—2009	仿古木质地板	国家林业局	2009-10-01
6	GB/T 24509—2009	阻燃木质复合地板	国家质量监督检验检疫总局、中国国家标准化管理委员会	2010-04-01
7	LY/T 1700—2007	地采暖用木质地板	国家林业局	2007-10-01
8	GB 18580—2017	室内装饰装修材料 人造板及其制品中甲醛释放限量	国家质量监督检验检疫总局、中国国家标准化管理委员会	2018-05-01
9	GB/T 20238—2006	木质地板铺装、验收和使用规范	国家质量监督检验检疫总局、中国国家标准化管理委员会	2006-09-15

2.2.4　质量分析

2.2.4.1　总体产品合格率

我国先后在 2012 年、2014 年、2015 年、2016 年组织过对实木复合地板产品的行业监测工作。历次抽查企业数量和合格率见表 2-4 和图 2-13。

表 2-4　2012~2016 年我国实木复合地板产品合格率

监测时间	监测企业数量(家)	产品合格率(%)
2012 年行业监测	211	98.1
2014 年行业监测	213	97.7
2015 年行业监测	130	98.5
2016 年行业监测	121	99.2

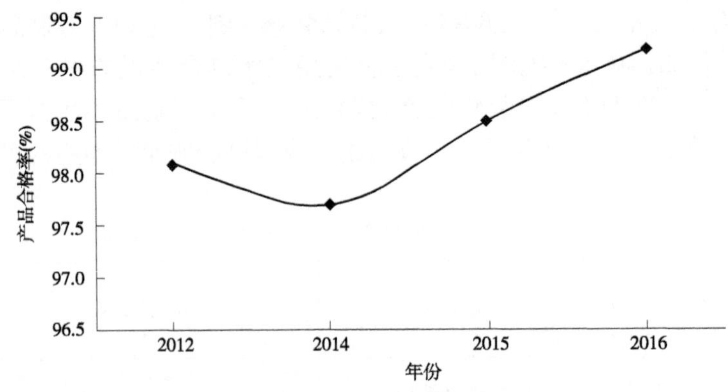

图 2-13　2012~2016 年实木复合地板产品合格率变化趋势

从表 2-4 和图 2-13 中可以看出,2012~2016 年期间我国实木复合地板产品合格率水平较高,基本保持在 97%以上。

2.2.4.2　各地区产品合格率

2012~2016 年期间,我国被监测地区实木复合地板产品抽样合格率及变化趋势见表 2-5 和图 2-14。

表 2-5　2012~2016 年不同监测地区实木复合地板合格率　(%)

监测地区		2012 年	2014 年	2015 年	2016 年
华北	北京	100	100	100	100
	天津	100	100	—	—
东北	辽宁	100	87.5	100	100
	吉林	86.4	95	100	100
	黑龙江	100	100	100	100
华东	上海	100	100	100	94.1
	江苏	100	100	100	100
	浙江	100	100	100	100
	福建	100	100	—	—
	山东	—	100	—	—

续表 2-5

监测地区		2012 年	2014 年	2015 年	2016 年
华中	河南	100	100	100	100
	湖北	100	—	—	—
	湖南	100	—	—	—
华南	广东	100	94.1	—	100
	广西	—	66.7	100	—
西南	四川	90	100	71.4	100
	贵州	100	—	—	—
西北	陕西	100	—	—	100

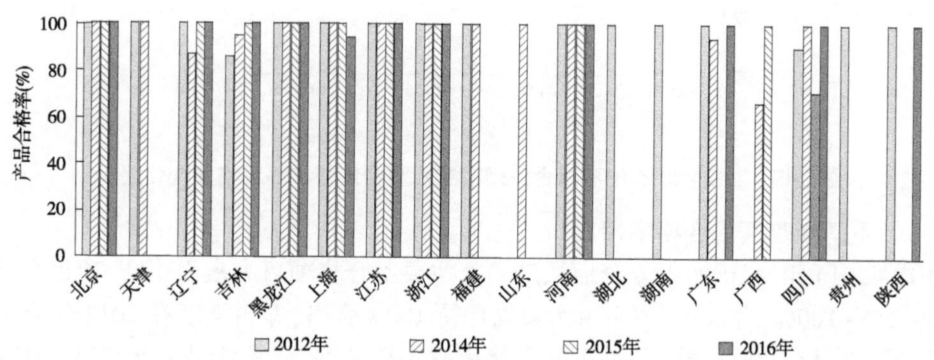

图 2-14　2012~2016 年各被监测地区实木复合地板的抽样合格率情况

2.2.4.3　不同规模企业的合格率情况

根据我国实木复合地板行业的实际情况，企业生产规模可按年销售额划分为大、中、小型企业，企业规模划分标准见表 2-6。

表 2-6　实木复合地板企业生产规模划分

企业规模	大型企业	中型企业	小型企业
销售额(万元)	≥15 000	≥5 000 且<15 000	<5 000

截至 2016 年，国内现有实木复合地板生产企业总计约 400 家，以中小企业为主。2012~2016 年，我国大型实木复合地板企业合格率均保持在 100%；中型实木复合地板企业合格率在 2014 年有一定程度的下降，2015~2016 年均保持 100%合格；小型实木复合地板企业合格率指标有较大波动，2012~2016 年小型企业合格率总体呈上升趋势。不同规模的实木复合地板企业及产品合格率见表 2-7 和图 2-15。

表 2-7　2012~2016 年不同规模实木复合地板企业的产品合格率　(%)

企业规模	2012 年	2014 年	2015 年	2016 年
大型	100	100	100	100
中型	97.8	93.8	100	100
小型	97.9	98.6	97.5	98.6
平均	98.1	97.7	98.5	99.2

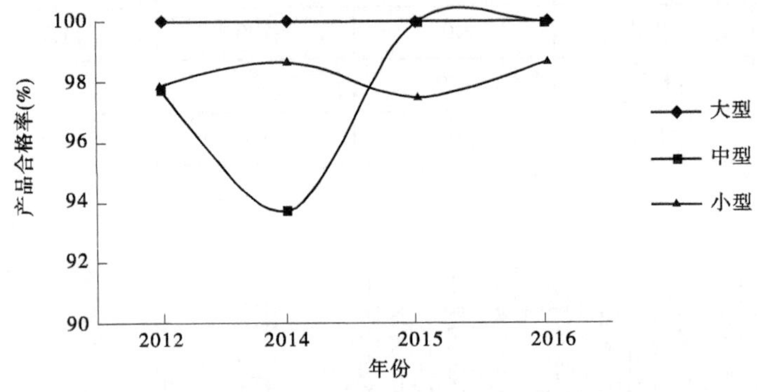

图 2-15　2012~2016 年不同企业规模实木复合地板产品合格率变化趋势

2.2.4.4　不同检验项目合格率情况

2012~2016 年,我国实木复合地板产品的主要不合格项目为表面耐磨,项目合格率范围在 99.2%~100%;含水率、表面耐污染均保持 100%合格;静曲强度在 2012 年合格率为 99%,以后均保持 100%合格;弹性模量合格率有小幅波动,但总体呈上升趋势,2016 年合格率为 100%;浸渍剥离合格率在 2012 年为 99.5%,以后均保持 100%合格;漆膜附着力合格率在 2014 年下降为 99.5%,其余均为 100%合格;甲醛释放量合格率在 2014 年有小幅下降,2015 年和 2016 年均保持 100%合格。各检测项目监测合格率情况见表 2-8 和图 2-16。

表 2-8　实木复合地板检测项目合格率　(%)

项目	2012 年	2014 年	2015 年	2016 年
含水率	100	100	100	100
静曲强度	99	100	100	100
弹性模量	99.5	99.5	98.5	100
浸渍剥离	99.5	100	100	100
表面耐磨	100	99.5	100	99.2
漆膜附着力	100	99.5	100	100
表面耐污染	100	100	100	100
甲醛释放量	99.5	99.1	100	100

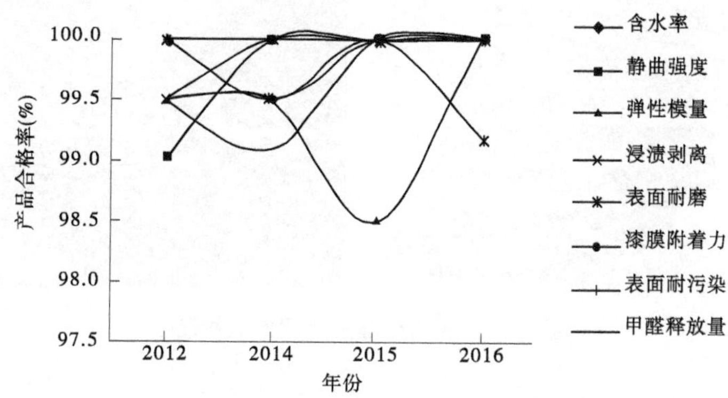

图 2-16　2012~2016 年实木复合地板产品项目合格率变化趋势

2.3　浸渍纸层压木质地板

浸渍纸层压木质地板自 1994 年进入我国,多年的高速发展使其产销量远远领先于其他品类地板,独占行业鳌头,成就了一批与国外著名企业实力相当的民族企业,打造了一些国内外市场耳熟能详的著名品牌,建立和完善了一套具有中国特色的产品质量标准,培育了一个潜力巨大的消费市场,形成了一批令世界瞩目的生产基地。据中国林产工业协会地板专业委员会不完全统计,2016 年我国具有一定规模的地板企业木质地板总销量约 39 680 万 m^2,同比增长约 4.38%。其中,浸渍纸层压木质地板销售 21 050 万 m^2,同比增长 2.18%;浸渍纸层压木质地板销量占总地板销量的 53.05%。浸渍纸层压木质地板作为地板分类中的主要品种,国家质量监督检验检疫总局和国家林业局为规范产品生产、保证产品质量, 2009~2016 年共开展了 10 次国家监督抽查和行业监测工作,2011 年行业监测合格率最低为 89%,2009 年国家监督抽查和 2016 年国家监督抽查合格率最高为 95.3%。

2.3.1　基本情况

2.3.1.1　定义

浸渍纸层压木质地板指以一层或多层专用纸浸渍热固性氨基树脂,铺装在刨花板、高密度纤维板等人造板基材表面,背面加平衡层、正面加耐磨层,经热压、成型的地板。商品名称为强化木地板。图 2-17 为浸渍纸层压木质地板的样品。

2.3.1.2　生产工艺

浸渍纸层压木质地板生产流程由制胶、浸渍、组坯、压板、养生、剖分、养生、开榫槽、分等、包装、入库等相关工序构成(见图 2-18)。

2.3.1.3　分类

浸渍纸层压木质地板可按用途、地板基材、装饰层、表面模压形状、耐磨等级、甲醛释放量分为不同类型,具体如表 2-9 所示。

图 2-17　浸渍纸层压木质地板样品

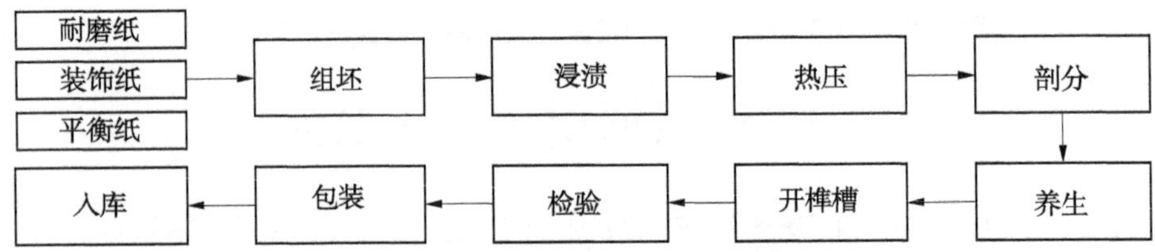

图 2-18　浸渍纸层压木质地板生产流程

表 2-9　浸渍纸层压木质地板分类

分类依据	产品名称
用途	商用级浸渍层压木质地板、家用Ⅰ级浸渍纸层压木质地板、家用Ⅱ级浸渍纸层压木质地板
地板基材	刨花板为基材的浸渍纸层压木质地板、以高密度纤维板为基材的浸渍纸层压木质地板
装饰层	单层浸渍装饰纸层压木质地板、热固性树脂浸渍纸高压装饰层积板层压木质地板
表面模压形状	浮雕浸渍纸层压木质地板、光面浸渍纸层压木质地板
耐磨等级	商用级≥9 000 转、家用Ⅰ级≥6 000 转、家用Ⅱ级≥4 000 转
甲醛释放量	E_0 级浸渍纸层压木质地板、E_1 级浸渍纸层压木质地板

2.3.1.4　产品特点与用途

(1)表面耐磨、耐划痕、抗冲击等。

(2)表面耐污染、耐腐蚀、耐光色牢度好。

(3)尺寸稳定性好。

(4)低碳环保。

(5)铺装简便、易打理。

(6)款式丰富、视觉效果好、性价比高。

随着装饰材料业的迅速发展,浸渍纸层压木质地板因其特有的产品结构和表面装饰,被广泛用于地面装饰,成为地面装修的主要材料之一。

2.3.2 产量概况

据中国林产工业协会不完全统计,2016 年我国具有一定规模的地板企业木质地板总销量约 39 680 万 m^2,其中浸渍纸层压木质木地板销售 21 050 万 m^2,浸渍纸层压木质地板销量占总地板销量的 53.05%,同比增长 2.18%。2010~2016 年浸渍纸层压木质地板产销量如表 2-10 和图 2-19 所示,2016 年的销量约为 2001 年的 2.8 倍。

表 2-10　2010~2016 年浸渍纸层压木质地板产销量

年份	浸渍纸层压木质地板产销量(万 m^2)	地板总产销量(万 m^2)	浸渍纸层压木质地板占地板总产销量比例(%)	浸渍纸层压木质地板产销量年增长率(%)
2010	23 800	39 900	59.6	12.3
2011	23 500	39 700	59.2	-1.3
2012	21 100	37 700	56.0	-10.2
2013	22 400	40 000	56.0	6.2
2014	21 280	38 870	54.7	-5.0
2015	20 600	38 015	54.2	-3.2
2016	21 050	39 680	53.0	2.2

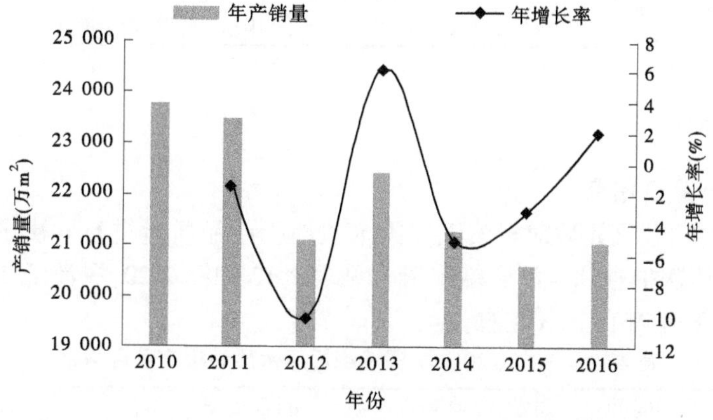

图 2-19　2010~2016 年浸渍纸层压木质地板产销量

目前,我国浸渍纸层压木质地板企业约为 900 家。我国浸渍纸层压木质地板生产企业以民营企业为主,小型企业比重大。小型企业约有 800 家,占全国浸渍纸层压木质地板企业总数的 88.9%;大中型企业约有 100 家,占全国浸渍纸层压木质地板企业总数的 11.1%。生产企业主要集中在江苏省、辽宁省、山东省、浙江省等地,其中江苏省、辽宁省和山东省的浸渍纸层压木质地板企业数量分别约占全国总数的 30%、15%和 10%。在上述地区中,江苏省常州市、辽宁省沈阳市、山东省聊城市、浙江省湖州市等地区的企业分布较集中,是我国浸渍纸层压木质地板的重点产区。

2.3.3 相关标准

浸渍纸层压木质地板产品现行标准有推荐性国家标准《浸渍纸层压木质地板》(GB/T 18102—2007)和强制性国家标准《室内装饰装修材料 人造板及其制品中甲醛释放限量》(GB 18580—2001)。

《浸渍纸层压木质地板》(GB/T 18102—2007)对浸渍纸层压木质地板产品的规格尺寸及偏差、外观质量、静曲强度、内结合强度、含水率、密度、吸水厚度膨胀率、表面胶合强度、表面耐冷热循环、表面耐划痕、尺寸稳定性、表面耐磨、表面耐香烟灼烧、表面耐干热、表面耐污染腐蚀、表面耐龟裂、抗冲击、甲醛释放量、耐光色牢度等性能指标做出了规定。

《室内装饰装修材料 人造板及其制品中甲醛释放限量》(GB 18580—2001)规定了室内用浸渍纸层压木质地板的甲醛释放限量及检测方法。2017 年 4 月 22 日《室内装饰装修材料 人造板及其制品中甲醛释放限量》(GB 18580—2017)发布,并于 2018 年 5 月 1 日实施。

表 2-11 我国已颁布并实施的浸渍纸层压木质地板相关标准

序号	标准编号	标准名称	发布部门	实施日期(年-月-日)
1	GB/T 18102—2007	浸渍纸层压木质地板	国家质量监督检验检疫总局、中国国家标准化管理委员会	2008-05-01
2	GB 18580—2001	室内装饰装修材料 人造板及其制品中甲醛释放限量	国家质量监督检验检疫总局、中国国家标准化管理委员会	2002-01-01
3	GB/T 20238—2006	木质地板铺装、验收和使用规范	国家质量监督检验检疫总局、中国国家标准化管理委员会	2006-09-15

2.3.4 质量分析

2.3.4.1 总体产品合格率

2009~2016 年,我国先后对浸渍纸层压木质地板产品质量进行 6 次国家监督抽查和 4 次行业监测。历次抽查和监测合格率情况见表 2-12 和图 2-20,浸渍纸层压木质地板抽查和监测合格率基本都在 90%左右。

表 2-12 2009~2016 年浸渍纸层压木质地板产品合格率

序号	抽查/监测时间	抽查/监测批次数	产品合格率(%)	主管部门
1	2009 年国家监督抽查	149	95.3	国家质量监督检验检疫总局
2	2010 年国家监督抽查	151	90.7	国家质量监督检验检疫总局
3	2011 年行业监测	100	89	国家林业局
4	2013 年国家监督抽查	180	87.8	国家质量监督检验检疫总局
5	2014 年国家监督抽查	125	94.4	国家质量监督检验检疫总局
6	2014 年行业监测	225	94.7	国家林业局
7	2015 年国家监督抽查	120	92.5	国家质量监督检验检疫总局
8	2015 年行业监测	189	92.6	国家林业局
9	2016 年国家监督抽查	316	95.3	国家质量监督检验检疫总局
10	2016 年行业监测	155	91	国家林业局

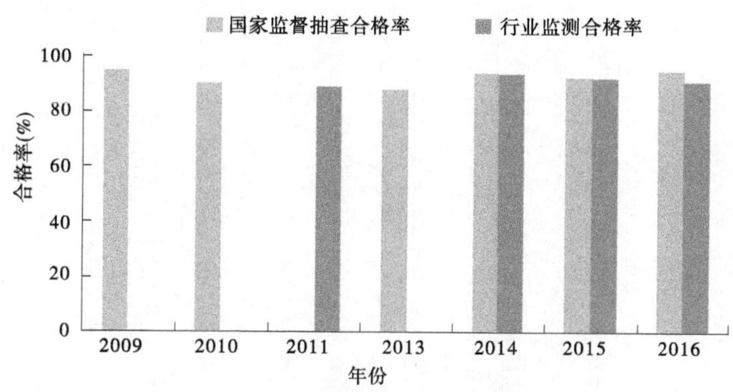

图 2-20　2009~2016 年浸渍纸层压木质地板产品合格率

2.3.4.2　各地区产品合格率(国家监督抽查)

2009~2016 年我国浸渍纸层压木质地板的抽查合格率及变化趋势见表 2-13 和图 2-21。

表 2-13　2009~2016 年我国浸渍纸层压木质地板国家监督抽查合格率　(%)

监测地区		2009 年	2010 年	2013 年	2014 年	2015 年	2016 年
华北	北京	100	80	91.7	100	100	90
东北	辽宁	90	92.9	72.2	94.1	82.6	87.5
	吉林	100	—	—	—	—	100
	黑龙江	—	—	—	—	83.3	100
华东	上海	100		100	100	100	
	江苏	100	83.8	84.6	92	96.7	91
	浙江	100	92.3	91.7	96.6	90	100
	安徽	100	100	—	—	—	100
	福建省	—	—	83.3	85.7	100	100
	江西	100	100	—	—	—	—
	山东	93.3	92.9	100	—	89.5	—
华中	河南		85.7	90	-	100	100
	湖北	96.3	96	100	—	—	100
	湖南	80	100	100	—	—	100
华南	广东	77.8	90	80	100	—	100
西南	重庆	—	—	—	—	—	100
	四川	—	—	—	—	—	100
	贵州	—	—	—	—	—	100
	云南	—	—	—	—	—	100

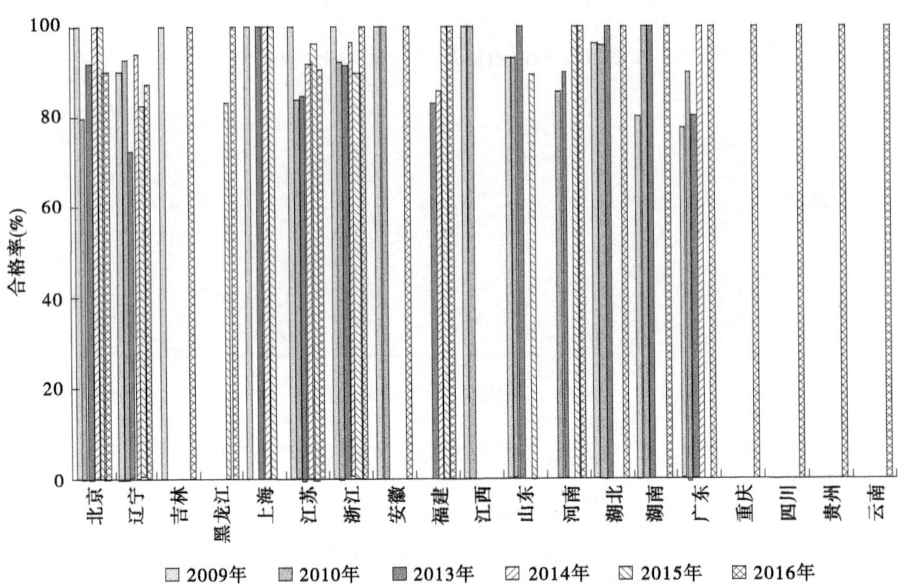

图 2-21　2009～2016 年各地区浸渍纸层压木质地板国家监督抽查产品合格率对比

2.3.4.3　各地区产品合格率(行业监测)

2011～2016 年我国浸渍纸层压木质地板行业监测合格率及变化情况见表 2-14 和图 2-22。

表 2-14　2011～2016 年我国浸渍纸层压木质地板行业监测合格率　(%)

监测地区		2011 年	2014 年	2015 年	2016 年
华北	北京	50	93.3	83.3	100
	天津	—	100	—	—
东北	辽宁	90	100	100	94.1
	吉林	—	100	100	—
	黑龙江	—	100	100	100
华东	上海	—	89.5	85	50
	江苏	96	98	100	100
	浙江	100	94.1	100	100
	福建	—	100	100	80
	山东	100	90	70	85.7
华中	河南	—	100	82.4	100
	湖北	80	83.3	96	85
	湖南	—	100	100	100
华南	广东	—	—	—	100
西南	四川	—	100	80	100
	贵州	—	100	—	100
西北	陕西	—	—	100	0

2.3.4.4　不同规模企业产品合格率(国家监督抽查)

据浸渍纸层压木质地板产品行业的实际情况,生产企业规模按企业上一年度成产的

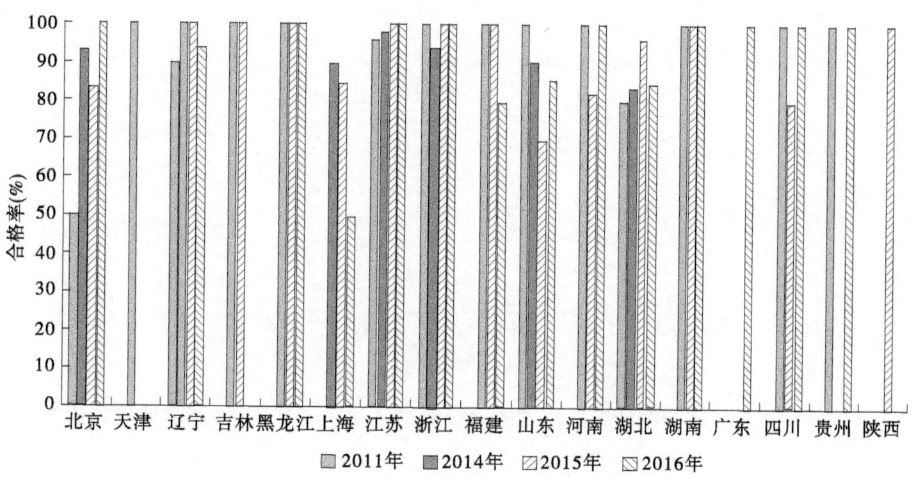

图 2-22　各地区浸渍纸层压木质地板监测结果对比

被监测产品销售额为标准划分为大、中、小型企业(见表 2-15)。

表 2-15　企业浸渍纸层压木质地板产品生产规模划分

生产规模	大型企业	中型企业	小型企业
销售额(万元)	≥35 000	≥7 000 且<35 000	<7 000

2009~2016 年,我国大、中、小型浸渍纸层压木质地板生产企业的产品抽样合格率见表 2-16 和图 2-23。

表 2-16　历次国家监督抽查不同规模的浸渍纸层压木质地板产品合格率　(%)

企业类型	2009 年	2010 年	2013 年	2014 年	2015 年	2016 年
大型	100	100	100	100	100	75
中型	100	96.9	73.7	93.8	100	100
小型	94.1	88.6	89	94.1	91.8	95.2
平均	95.3	90.7	87.8	94.4	92.5	95.3

2.3.4.5　不同规模企业产品合格率(行业监测)

以 2011~2016 年浸渍纸层压木质地板行业监测结果为依据,分析我国不同规模浸渍纸层压木质地板企业的产品质量情况,结果如表 2-17 和图 2-24 所示。我国小型浸渍纸层压木质地板企业的产品合格率较低,且波动大,产品合格率为 86.1%~93.7%。中型浸渍纸层压木质地板生产企业的产品合格率逐年降低,为 89.7%~100%。大型浸渍纸层压木质地板生产企业的产品合格率较高,保持在 100%。

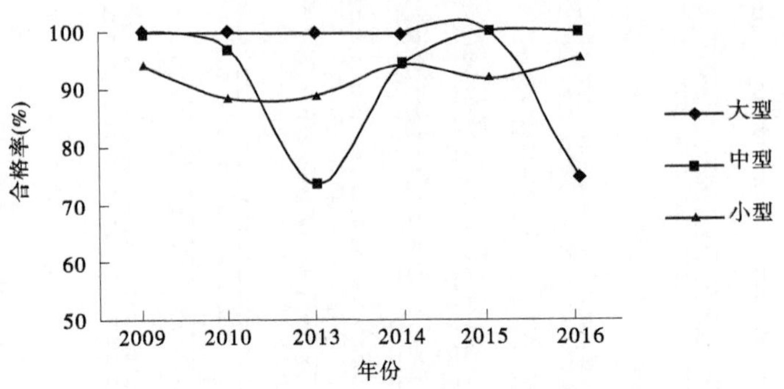

图 2-23　不同规模的浸渍纸层压木质地板产品合格率变化趋势(国家监督抽查)

表 2-17　历次监测不同规模的浸渍纸层压木质地板产品合格率　(%)

企业类型	2011 年	2014 年	2015 年	2016 年
大型	100	100	100	100
中型	100	97.6	97.3	89.7
小型	86.1	93.7	91.1	90.8
平均	89	94.7	92.6	100

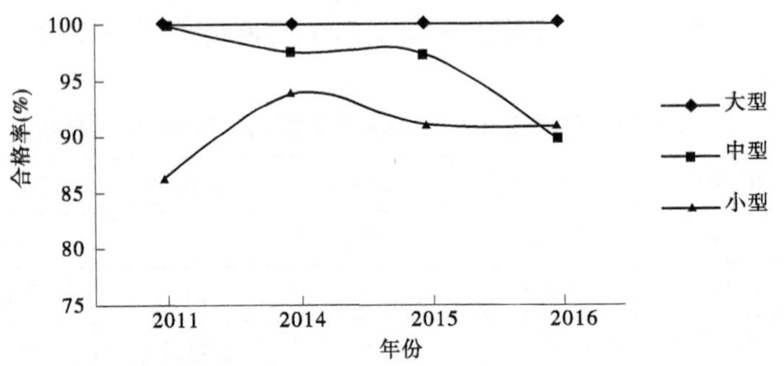

图 2-24　不同规模的浸渍纸层压木质地板产品合格率变化趋势(行业监测)

2.3.4.6　不同检验项目合格率(国家监督抽查)

2009~2016 年国家监督抽查浸渍纸层压木质地板的检验项目有含水率、吸水厚度膨胀率、表面胶合强度、内结合强度、表面耐磨、表面耐污染腐蚀、甲醛释放量等七项,结果如表 2-18 和图 2-25 所示,主要不合格项目为表面耐磨和吸水厚度膨胀率,项目合格率区间分别为[95.8%,97.5%]和[95.8%,100%],含水率、表面胶合强度、内结合强度等指标合格率总体较高。

表 2-18　浸渍纸层压木质地板国家监督抽查项目合格率统计结果　(%)

检验项目	2009 年	2010 年	2013 年	2014 年	2015 年	2016 年
含水率	100	100	100	100	100	100
吸水厚度膨胀率	98.7	99.3	98.9	100	95.8	99.1
表面胶合强度	100	100	99.4	100	100	100
内结合强度	99.3	99.3	97.8	99.2	99.2	100
表面耐磨	97.3	95.4	93.3	95.2	97.5	97.2
表面耐污染腐蚀	100	100	98.9	100	100	99.7
甲醛释放量	100	96	97.8	100	100	99.1

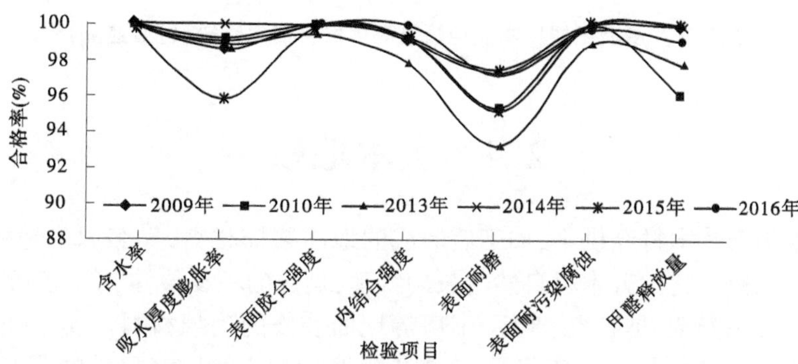

图 2-25　浸渍纸层压木质地板监测项目合格率比较(国家监督抽查)

2.3.4.7　不同检验项目合格率(行业监测)

由表 2-19 和图 2-26 可知,浸渍纸层压木质地板的吸水厚度膨胀率和甲醛释放量合格率逐年上升,内结合强度合格率逐年下降,表面耐磨合格率略有波动;含水率、表面耐污染腐蚀多次监测均 100%合格。

表 2-19　浸渍纸层压木质地板监测项目合格率统计结果　(%)

检验项目	2011 年	2014 年	2015 年	2016 年
含水率	100	100	100	100
吸水厚度膨胀率	97	98.2	98.9	99.4
表面胶合强度	100	100	100	97.4
内结合强度	100	99.6	98.4	95.5
表面耐磨	96	99.1	97.9	97.4
表面耐污染腐蚀	100	100	100	100
甲醛释放量	96	97.8	97.9	98.7

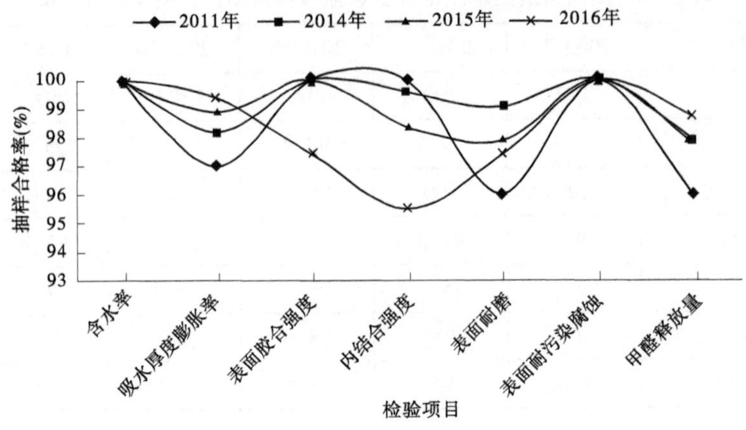

图 2-26 浸渍纸层压木质地板监测项目合格率比较(行业监测)

2.4 实木地板

实木地板是天然木材经烘干、加工后形成的地面装饰材料,又名原木地板,是用实木直接加工成的地板。它具有木材自然生长的纹理,是热的不良导体,能起到冬暖夏凉的作用,脚感舒适,使用安全,是卧室、客厅、书房等地面装修的理想材料。实木地板是一种重要的地面铺装材料,20 世纪 80 年代初,实木地板开始进入我国老百姓的家庭。从整体行业来看,目前我国实木地板产销量已跃居到世界龙头老大的地位。实木地板在中国市场一直稳居高端家居消费品地位,占据着地板高端市场份额,保持比较稳定。据中国林业工业协会地板专业委员会不完全统计,2016 年我国实木地板规模以上企业产量约 4 390 万 m^2,同比增长 10.03%,占木质地板总产量的 11.1%。2014 年和 2015 年,我国对实木地板产品进行了两次国家质量监督抽查,其中,2014 年实木地板的合格率为 96%,2015 年合格率为 100%。

2.4.1 基本情况

2.4.1.1 定义

实木地板指用实木直接加工而成的地板。图 2-27 为实木地板产品。

2.4.1.2 生产工艺

实木地板的生产过程包括坯料加工、干燥、坯料精加工、开榫槽、涂饰、检验、包装、入库等工段组成(见图 2-28)。

2.4.1.3 产品分类

根据《实木地板》(GB/T 15036),实木地板可按形状、表面有无涂饰、表面涂饰类型分为不同类别,具体如表 2-20 所示。

图 2-27　实木地板产品

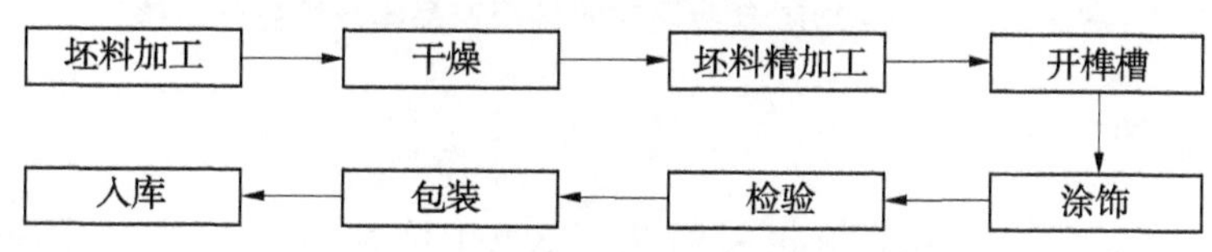

图 2-28　实木地板产品生产工艺示意图

表 2-20　实木地板产品分类

分类依据	产品名称
形状	榫接实木地板、平接实木地板、仿古实木地板
表面有无涂饰	涂饰实木地板、未涂饰实木地板
表面涂饰类型	涂饰实木地板、油饰实木地板

2.4.1.4　产品特点与用途

实木地板是用木材直接加工而成的地板。按形状可分为榫接实木地板、平接实木地板和仿古实木地板三种；按表面有无涂饰可分为涂饰实木地板和未涂饰实木地板两种。其中，榫接地板指侧、端面为榫、槽的地板，平接地板指侧、端面无榫、槽的地板；涂饰地板指表层涂漆或油的地板，未涂饰地板指表层没有任何涂饰的地板。

实木地板是由优质木材加工而成的，受资源所限，成本高、价格贵。但实木地板天然质朴，弹性好，脚感舒适，能调节室内温度和湿度，冬暖夏凉，是最具亲和力的绿色环保家装材料。此外，实木地板具有可循环利用和翻新使用等特点。目前实木地板的产销量约占我国木地板装修材料的10%，且近年产销量比较稳定。实木地板常用树种有格木、圆盘豆、孪叶苏木、柚木、巴福芸香、槲栎(含柞木)、铁心木、二翅豆、圆盘豆、榄仁木、蚁木、纤皮玉蕊、柚木、任嘎漆、印茄木、甘巴豆、坤甸铁樟木、番龙眼、重卡雅楝、铁线子、合欢等。按表面颜色分为本色实木地板、漂白实木地板和炭化实木地板。

2.4.2　产量概况

据中国林业工业协会地板专业委员会不完全统计，2005年我国规模以上实木地板产量最高，为5 000万 m^2，之后产量略有下降，但基本保持在4 000万 m^2 左右。2015年实木地板产量最低，为 3 990 万 m^2（见图 2-29）。

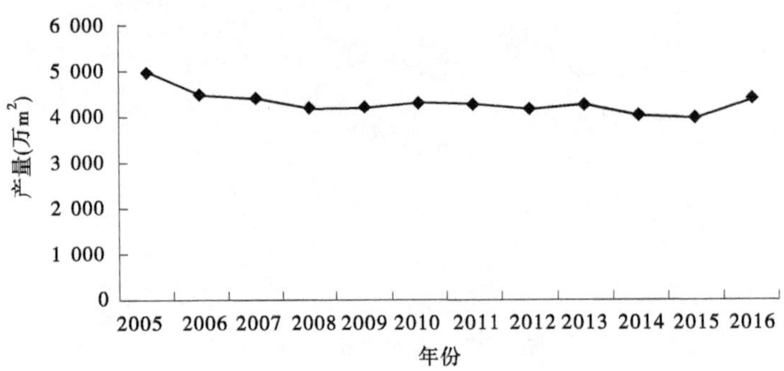

图 2-29　2005～2015 年我国实木地板产品年产量变化趋势

2.4.3　相关标准

目前，已颁布实施的实木地板相关标准有 3 项（见表 2-21），其中，国家推荐标准 2 项、行业标准 1 项。

《实木地板》（GB/T 15036.1～15036.2—2009）分为两个部分。《实木地板 第 1 部分：技术要求》（GB/T 15036.1—2009）对实木地板的分等、规格尺寸与偏差、外观质量、含水率、漆膜表面耐磨、漆膜附着力、漆膜硬度等性能指标做出了严格规定。其中，仿古实木地板表面漆膜耐磨性能不做要求。油饰实木地板表面耐磨、附着力和硬度不做要求。并将实木地板根据产品的外观质量、物理性能分为优等品、一等品和合格品。不同等级实木地板产品所要求检验的指标值有所不同。《实木地板 第 2 部分：检验方法》（GB/T 15036.2—2009）实木地板的相关检测方法和检测规则做出了规定。

在地板铺装方面，《木质地板铺装、验收和使用规范》（GB/T 20238—2006）对实木地板的铺装、竣工验收、使用规范和保修期内质量要求做出了相关规定。

《仿古木质地板》（LY/T 1859—2009）中对仿古实木地板产品的性能指标做出了严格规定。

表 2-21　我国已颁布并实施的实木地板相关标准

序号	标准编号	标准名称	发布部门	实施日期（年-月-日）
1	GB/T 15036.1～15036.2—2009	实木地板	国家质量监督检验检疫总局、中国国家标准化管理委员会	2009-12-01
2	GB/T 20238—2006	木质地板铺装、验收和使用规范	国家质量监督检验检疫总局、中国国家标准化管理委员会	2006-09-15
3	LY/T 1859—2009	仿古木质地板	国家林业局	2009-10-01

2.4.4　质量分析

2.4.4.1　总体产品抽查合格率

2010 年至今，我国对实木地板产品质量仅进行了 2 次国家监督抽查，抽查地区主要集中在上海、江苏、浙江和广州四个省份。2014 年实木地板产品抽查合格率为 96%,2015 年产品合格率为 100%(见表 2-22)。

表 2-22　2010~2016 年我国实木地板产品抽查合格率

抽查时间	抽查企业数量(家)	产品合格率(%)
2014 年国家监督抽查	75	96
2015 年国家监督抽查	80	100

2.4.4.2　各地区产品抽查合格率

上海市和江苏省实木地板 2014 年和 2015 年产品抽查合格率均为 100%,产品质量较稳定。浙江省和广东省 2014 年实木地板产品抽查合格率分别为 95%和 80%,2015 年产品抽查合格率增加,达到了 100%(见表 2-23、图 2-30)。

表 2-23　2010~2016 年我国各地区实木地板产品抽查合格率

监测地区		2014 年		2015 年	
		抽查基数(家)	合格率(%)	抽查基数(家)	合格率(%)
华东	上海	20	100	20	100
	江苏	25	100	33	100
	浙江	20	95	20	100
华南	广东	10	80	7	100

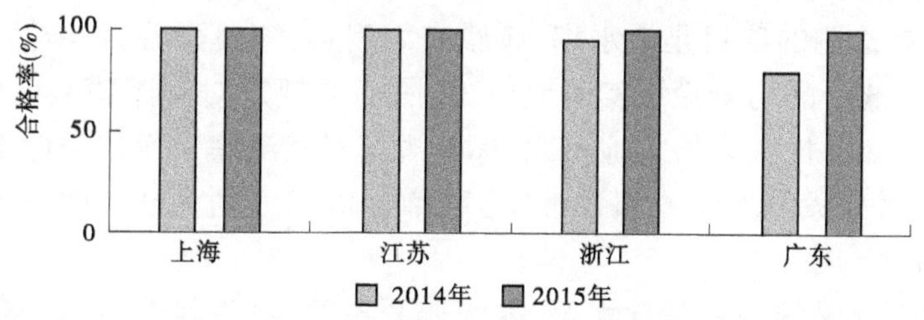

图 2-30　2010~2016 年我国各地区实木地板产品抽查合格率

2.4.4.3　不同规模企业产品抽查合格率

根据实木地板产品行业的实际情况,企业生产规模以实木地板年产值为标准划分为大、中、小型企业(见表 2-24)。

表 2-24　企业实木地板产品生产规模划分

企业刨花板产品生产规模	大型企业	中型企业	小型企业
产值(万元)	≥20 000	≥10 000 且<20 000	<10 000

目前,我国现有实木地板产品生产企业约为 500 家,其中,小型企业数量占企业总数的 94%左右,中型企业数量 4.2%,大型企业约 1.8%。2014 年和 2015 年,大型企业和中型企业的抽查产品合格率均为 100%。小型企业 2014 年抽查产品合格率为 95.5%,2015

年抽查产品合格率为 100%(见表 2-25、图 2-31)。

表 2-25　2011~2016 年我国大、中、小型实木地板生产企业的产品抽查合格率

企业规模	2014 年		2015 年	
	抽查基数(家)	合格率(%)	抽查基数(家)	合格率(%)
大型	3	100	5	100
中型	5	100	6	100
小型	67	95.5	69	100

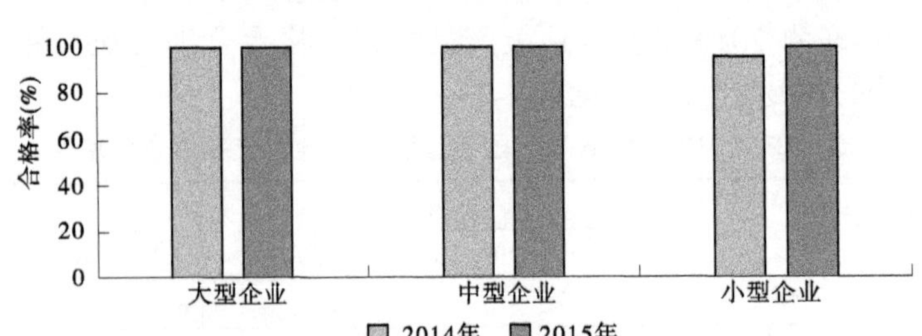

图 2-31　2010~2016 年我国不同企业规模实木地板产品抽查合格率

2.4.4.4　不同检测项目抽查合格率

2014 年,抽查检测的项目是含水率、漆膜表面耐磨、漆膜附着力,所抽查的 75 批次产品中,有一个批次的产品为未涂饰实木地板,按照标准规定对其漆膜表面耐磨性、漆膜附着力不做要求;有 2 个批次为仿古地板,照标准规定对其漆膜表面耐磨性不做要求。抽查出现的不合格项目为漆膜附着力和含水率,项目合格率分别为 95.9%和 98.7%,漆膜表面耐磨检测项目均合格。

2015 年,抽查检测的项目是含水率、漆膜表面耐磨、漆膜附着力、漆膜硬度,实木地板所有项目均合格。所抽查的 80 批次产品中,有 3 个批次的产品为未涂饰实木地板,按照标准规定不检测漆膜表面耐磨性、漆膜附着力、漆膜硬度指标;有 3 个批次为仿古地板,按照标准规定对其漆膜表面耐磨性不做要求,所检测项目均合格(见表 2-26、图 2-32)。

表 2-26　2014 年、2015 年我国实木地板产品项目抽查合格率

检验项目	2014 年		2015 年	
	抽查检验数	合格率(%)	抽查检验数	合格率(%)
含水率	75	98.7	80	100
漆膜表面耐磨	72	100	74	100
漆膜附着力	74	95.9	77	100
漆膜硬度	—	—	77	100

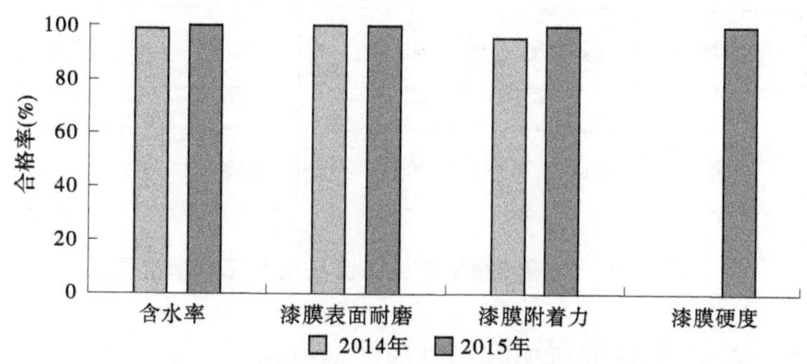

图 2-32　2014 年、2015 年我国实木地板产品项目抽查合格率

2.5　浸渍胶膜纸饰面人造板

近几年来，随着定制衣柜、橱柜等的快速发展，饰面人造板的产量不断提高。目前，具有一定规模的浸渍胶膜纸饰面人造板及相关生产企业主要分布在广东、浙江、四川、广西、湖北、上海、北京等地。

2.5.1　基本情况

2.5.1.1　定义

浸渍胶膜纸饰面人造板是以刨花板、纤维板等人造板为基材，以浸渍含有三聚氰胺等树脂的胶膜纸为饰面材料的装饰板材。根据人造板基材种类可将浸渍胶膜纸饰面人造板分为浸渍胶膜纸饰面刨花板和浸渍胶膜纸饰面纤维板两类。图 2-33 为浸渍胶膜做饰面刨花板和浸渍胶膜纸饰面纤维板的样品。

图 2-33　浸渍胶膜纸饰面刨花板和饰面纤维板样品

2.5.1.2　生产工艺

浸渍胶膜纸的生产工艺由浸渍纸制备、基材制备、组坯、热压、平衡、锯边、检验分等、堆垛、包装、入库等工段组成(见图 2-34)。

2.5.1.3　产品分类

浸渍胶膜纸饰面人造板根据人造板基材可分为浸渍胶膜纸饰面刨花板、浸渍胶膜纸饰面纤维板、浸渍胶膜纸饰面细木工板、浸渍胶膜纸饰面胶合板。根据表面状态可分为平

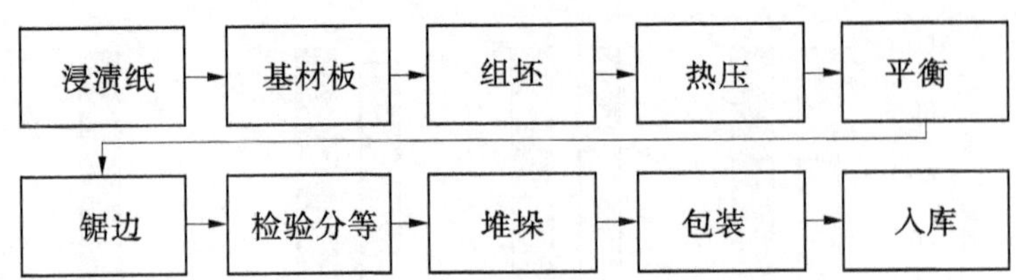

图 2-34 浸渍胶膜纸饰面人造板生产工艺示意图

面浸渍胶膜纸饰面人造板、浮雕浸渍胶膜纸饰面人造板。

2.5.1.4 产品特点及用途

浸渍胶膜纸饰面人造板装饰性好,色泽鲜明,表面硬度大,耐磨性和耐热性好，具有一定的耐化学药品能力,对一般的酸、碱、油脂及酒精等溶剂的腐蚀具有保护作用。表面平滑光洁,容易清洗。性价比高。

浸渍胶膜纸饰面人造板具备天然木材所不能兼备的优异性能,故常用于室内建筑及各种家具、衣柜、橱柜的装饰上。

2.5.2 相关标准

目前,我国浸渍胶膜纸饰面人造板现行标准如下：

(1)《浸渍胶膜纸饰面人造板》(GB/T 15102—2006)。该标准是目前我国浸渍胶膜纸饰面人造板的产品标准,主要规定了浸渍胶膜纸饰面人造板的分类、要求、试验方法和检验规则,以及标志、包装、运输和储存。该标准自 2006 年颁布实施以来,在指导生产、引导消费、规范市场等方面均起到了积极有效的作用。

(2)《室内装饰装修材料 人造板及其制品中甲醛释放限量》(GB 18580—2001)。该标准为强制性标准,主要规定了室内用浸渍胶膜纸饰面人造板的甲醛释放限量及检测方法。该标准规定浸渍胶膜纸饰面人造板的甲醛释放限量应≤1.5 mg/L。

(3)《人造板饰面专用装饰纸》(LY/T 1831—2009)。该标准补充规定了装饰纸的甲醛释放量、耐光色牢度、耐热性等性能的测定方法,为从源头上控制浸渍胶膜纸饰面人造板成品质量提供了必要的保障。

(4)《人造板饰面专用装饰纸》(GB/T 28995—2012)。该标准主要规定了人造板饰面专用装饰纸的定义、技术要求、检验方法、检验规则,以及标志、包装、运输、储存等。该标准适用于浸渍胶膜纸饰面人造板和热固性树脂装饰层压板(HPL)专用的装饰纸,包括原纸、印刷装饰纸、装饰胶膜纸;不适用于表层纸、牛皮纸、预油漆纸和薄页纸等。该标准规定了装饰纸的甲醛释放量、耐光色牢度、耐热性等性能要求及测试方法,为从源头上控制浸渍胶膜纸饰面人造板成品质量提供了必要的保障。

2.5.3 质量分析

2.5.3.1 总体产品合格率

2012~2016 年,国家林业局连续 5 年对浸渍胶膜纸饰面人造板产品质量进行行业监测。历次抽查企业数量和合格率见表 2-27 和图 2-35、图 2-36。

表 2-27　历次浸渍胶膜纸饰面人造板产品质量行业监测结果

监测时间	2012 年	2013 年	2014 年	2015 年	2016 年
监测产品数(批次)	215	138	138	142	109
抽样合格率(%)	72.6	63.8	74.6	73.2	87.2

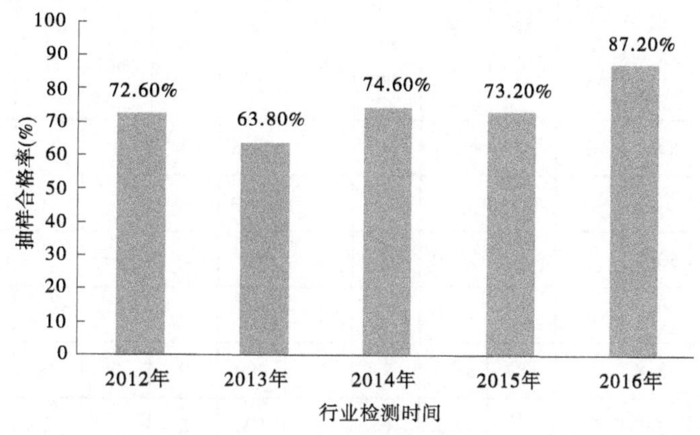

图 2-35　浸渍胶膜纸饰面人造板产品质量历次行业监测抽样合格率比较

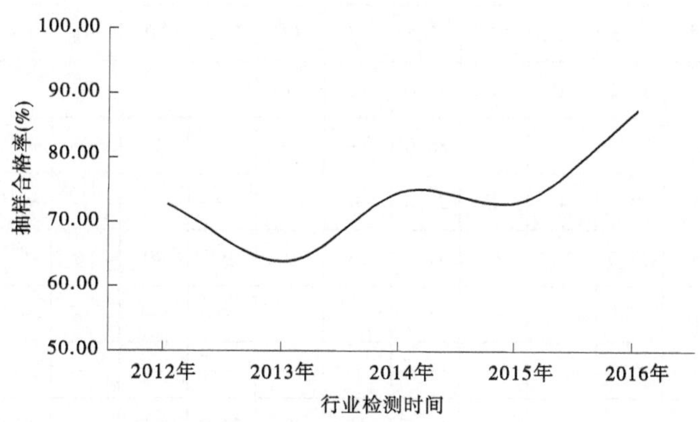

图 2-36　浸渍胶膜纸饰面人造板产品质量历次行业监测抽样合格率变化

从图表中可以看出，浸渍胶膜纸产品合格率在 2013 年为 63.8%，2016 年为 87.2%；2012 年、2014 年、2015 年抽样合格率均位于 70%～75%。总体来看，我国浸渍胶膜纸饰面人造板产品合格率有较大提升，但仍需继续监测。

2.5.3.2　各地区产品质量情况

各省份浸渍胶膜纸饰面人造板历次质量监测结果见表 2-28、表 2-29。

表 2-28 各省份浸渍胶膜纸饰面人造板历次监测结果统计

监测地区	2012 年行业监测结果			2013 年行业监测结果			2014 年行业监测结果			2015 年行业监测结果			2016 年行业监测结果		
	实际监测产品数（批）	合格产品数（批）	抽样合格率（%）	实际监测产品数（批）	合格产品数（批）	抽样合格率（%）	实际监测产品数（批）	合格产品数（批）	抽样合格率（%）	实际监测产品数（批）	合格产品数（批）	抽样合格率（%）	实际监测产品数（批）	合格产品数（批）	抽样合格率（%）
北京	26	18	69.2	6	4	66.7	9	7	77.8	15	6	40.0	—	—	—
天津	2	2	100	—	—	—	2	1	50.0	—	—	—	—	—	—
河北	10	5	50.0	5	1	20.0	8	4	50.0	—	—	—	8	2	25.0
辽宁	—	—	—	5	1	20.0	5	2	40.0	3	1	33.3	—	—	—
吉林	13	7	53.8	9	8	88.9	7	7	100	9	9	100	16	15	93.8
黑龙江	10	10	100	4	4	100	6	6	100	5	5	100	10	10	100
上海	25	19	76.0	22	10	45.5	20	14	70.0	20	11	55.0	10	8	80.0
江苏	21	20	95.2	10	8	80.0	10	10	100	5	5	100	—	—	—
浙江	15	14	93.3	16	10	62.5	17	13	76.5	10	10	100	10	10	100
福建	19	16	84.2	10	9	90.0	10	6	60.0	—	—	—	—	—	—
山东	7	4	57.1	5	4	80.0	—	—	—	2	0	0	—	—	—
河南	6	3	50.0	4	1	25.0	—	—	—	5	4	80.0	—	—	—
湖北	24	6	25.0	19	9	47.4	13	9	69.2	20	16	80.0	10	10	100
湖南	1	1	100	—	—	—	—	—	—	—	—	—	—	—	—
广东	15	10	66.7	—	—	—	—	—	—	—	—	—	7	6	85.7
广西	—	—	—	3	2	66.7	10	7	70.0	15	12	80.0	10	10	100
四川	11	11	100	11	11	100	13	13	100	13	13	100	10	10	100
贵州	5	5	100	3	3	100	4	2	50.0	9	6	66.7	8	7	87.5
陕西	5	5	100	6	3	50.0	4	2	50.0	4	2	50.0	—	—	—
合计	215	156	72.6	138	88	63.8	138	103	74.6	142	104	73.2	109	95	87.2

表 2-29　各省份浸渍胶膜纸饰面人造板历次监测合格率　(%)

监测地区	2012 年	2013 年	2014 年	2015 年	2016 年
北京	69.2	66.7	77.8	40	—
天津	100	—	50	—	—
河北	50	20	50	—	25
辽宁	—	20	40	33.3	—
吉林	53.8	88.9	100	100	93.8
黑龙江	100	100	100	100	100
上海	76	45.5	70	55	80
江苏	95.2	80	100	100	—
浙江	93.3	62.5	76.5	100	100
福建	84.2	90	60	—	—
山东	57.1	80	—	0	—
河南	50	25	—	80	—
湖北	25	47.4	69.2	80	100
湖南	100	—	—	—	—
广东	66.7	—	—	—	85.7
广西	—	66.7	70	80	100
四川	100	100	100	100	100
贵州	100	100	50	66.7	87.5
陕西	100	50	50	50	—

综合 2012~2016 年各省份产品合格率，由于部分省份有些年份数据有空缺，因此从中挑出完整数据的省份数据，得出图 2-37。

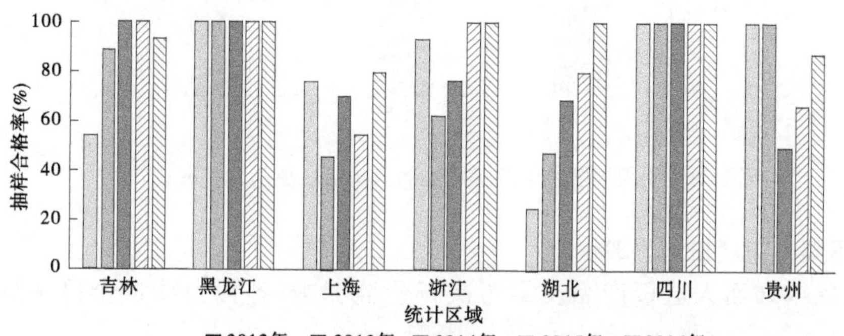

图 2-37　各省份浸渍胶膜纸饰面人造板检测结果对比

从表2-28、表2-29和图2-37可知，历次浸渍胶膜纸饰面人造板行业监测中，四川和黑龙江的抽样合格率最高，均为100%。吉林、浙江和湖北的抽样合格率有提升，但上海的抽样合格率仍低于80%，此外贵州的抽样合格率有大幅降低。总的来看，我国浸渍胶膜纸饰面人造板产品合格率有较大提升。

2.5.3.3 不同规模企业的合格率情况

以2016年被监测结果为依据，抽样浸渍胶膜纸饰面人造板共109家，合格企业有95家。不同规模的浸渍胶膜纸饰面人造板企业及产品合格率见表2-30和图2-38。本次监测的109家浸渍胶膜纸饰面人造板生产企业中，小型企业94家，占监测总企业数的86.2%，合格率为85.1%；中型企业和大型企业各有10家和5家，分别占本次总监测企业数的9.2%和4.6%，合格率均为100%。可以看出，大中型浸渍胶膜纸饰面人造板企业合格率较高，小型企业合格率较低。

表2-30　不同规模的浸渍胶膜纸饰面人造板企业及产品合格率

企业类型	监测企业数（家）	合格企业数（家）	企业合格率（%）	监测产品数（批）	合格产品数（批）	产品合格率（%）
大型	5	5	100	5	5	100
中型	10	10	100	10	10	100
小型	94	80	85.1	94	80	85.1
合计	109	95	87.2	109	95	87.2

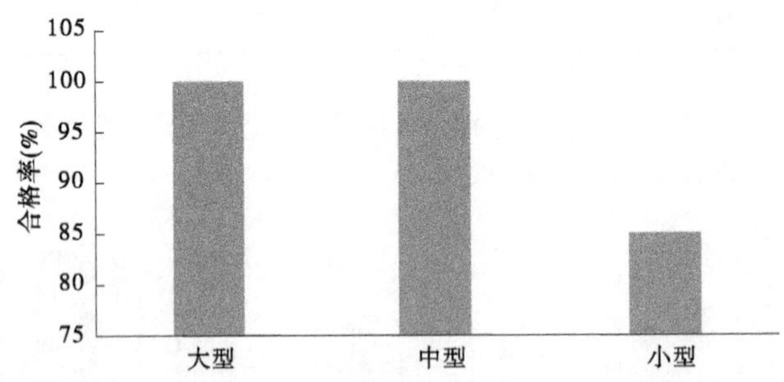

图2-38　不同规模浸渍胶膜纸饰面人造板企业的合格率比较

2.5.3.4 不同检验项目合格率情况

浸渍胶膜纸饰面人造板产品质量历次行业监测中，各检验项目合格率见表2-31和图2-39。

表 2-31　浸渍胶膜纸饰面人造板监测项目合格率统计结果　(%)

检测项目名称	2012 年	2013 年	2014 年	2015 年	2016 年
含水率	100	100	100	100	100
内结合强度	91.2	88.4	93.5	96.5	94.5
耐光色牢度	86	81.9	90.6	86.6	94.5
表面耐磨	99.5	99.3	97.8	95.8	98.2
表面耐污染腐蚀	97.7	98.6	100	100	100
表面耐香烟灼烧	94.9	94.9	97.8	95.1	98.2
甲醛释放量	96.7	91.3	96.4	97.9	96.3
表面胶合强度	98.6	95.7	99.3	98.6	98.2
表面耐干热	99.1	100	99.3	100	99.1
表面耐龟裂	98.6	100	100	100	100
表面耐划痕	—	100	99.3	100	100
表面耐冷热循环	—	100	100	100	100
表面耐水蒸气	—	94.9	97.1	96.5	100
吸水厚度膨胀率	—	89.1	91.3	88.7	92.7

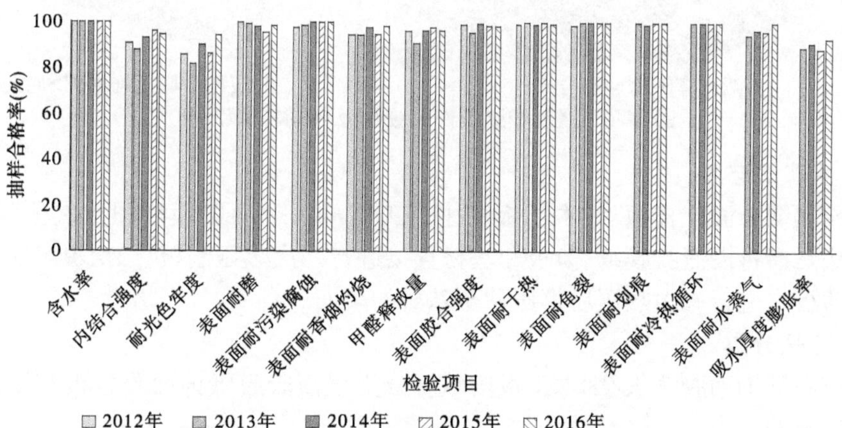

图 2-39　历次行业监测中检验项目合格率比较

从表 2-31 和图 2-39 可知，历次监测的浸渍胶膜纸饰面人造板产品的各项理化性能指标均有不合格现象，但所有检测项目均达到 80%以上，其中相对较低的为内结合强度、耐光色牢度、水厚度膨胀率，表明内结合强度、耐光色牢度、水厚度膨胀率是浸渍胶膜纸饰面人造板主要的不合格项目。

2.6 浸渍胶膜纸饰面胶合板/细木工板

近年来,浸渍胶膜纸饰面胶合板/细木工板(俗称"生态板")以其美观、环保、表面及力学性能优异、加工便捷等优点深受室内装饰装修、家具、橱柜等制造业及其消费者的青睐。据不完全统计,2016 年,我国浸渍胶膜纸饰面胶合板/细木工板总产量超过 1 000 万 m^3。由于相关标准尚未出台,浸渍胶膜纸饰面胶合板/细木工板的产品质量监测工作仅在 2016 年开展过一次,主要是对甲醛释放量项目进行了监测,产品监测合格率达 92.2%。

2.6.1 基本情况

2.6.1.1 定义

浸渍胶膜纸饰面胶合板/细木工板是将浸渍氨基树脂的胶膜纸铺装在多层胶合板或细木工板基材上,经热压而成的装饰板材。图 2-40 为浸渍胶膜纸饰面胶合板/细木工板产品。

(a)浸渍胶膜纸饰面胶合板

(b)浸渍胶膜纸饰面细木工板

图 2-40 浸渍胶膜纸饰面胶合板/细木工板产品

2.6.1.2 生产工艺

浸渍胶膜纸饰面胶合板/细木工板的生产工艺分为一次覆膜法和二次覆膜法两种。一次覆膜法是指将浸渍胶膜纸、薄板和基材直接进行一次热压制板,二次覆膜法是将浸渍胶膜纸和薄板先进行一次热压后再压贴至基材的表面。

2.6.1.3 产品分类

浸渍胶膜纸饰面胶合板/细木工板按基材分为浸渍胶膜纸饰面胶合板和浸渍胶膜纸饰面细木工板两大类。

2.6.1.4 产品特点与用途

(1)表面性能优良。浸渍胶膜纸饰面胶合板/细木工板表面花纹图案丰富,装饰效果好,且具有耐磨、耐划痕、耐香烟灼烧、耐污染腐蚀、耐干热等优点。

(2)物理力学性能优异。以多层胶合板或细木工板为基材,具有较高的力学强度、良好的握钉力,尺寸稳定性强。

(3)免漆加工,环保系数高。

(4)质量轻,易于加工。

(5)用途广泛,可用于家具、室内装修及展览馆、酒店、商场等公共场所的装饰装修。

2.6.2 产量概况

据不完全统计，2016 年，我国浸渍胶膜纸饰面胶合板/细木工板总产量超过 1 000 万 m^3，其中，浸渍胶膜纸饰面胶合板约占 30%，浸渍胶膜纸饰面细木工板约占 70%。浸渍胶膜纸饰面胶合板/细木工板生产企业多数是从生产浸渍胶膜纸饰面刨花板/纤维板、胶合板或细木工板等产品的生产企业转型而来的，主要分布在山东、河北、江苏、浙江、湖南、广西和广东等省（区）。

2.6.3 质量分析

2.6.3.1 总体产品监测合格率

2016 年，国家林业局委托国家林业局林产品质量与标准化研究中心，依据《室内装饰装修材料人造板及其制品中甲醛释放限量》（GB 18580—2001），组织开展了全国范围内浸渍胶膜纸饰面胶合板/细木工板甲醛释放量监测工作。被监测产品共计 167 批次，监测合格率达 92.2%。其中，浸渍胶膜纸饰面胶合板 54 批次，占被监测产品总数的 32.3%，监测合格率达 96.3%。浸渍胶膜纸饰面细木工板 113 批次，占被监测产品总数的 67.7%，监测合格率达 90.3%，较浸渍胶膜纸饰面胶合板低 6 个百分点。2016 年浸渍胶膜纸饰面胶合板/细木工板产品监测合格率见表 2-32。

表 2-32　2016 年浸渍胶膜纸饰面胶合板/细木工板产品监测合格率

产品名称	产品数量（批次）	合格产品数量（批次）	产品监测合格率（%）
浸渍胶膜纸饰面胶合板	54	52	96.3
浸渍胶膜纸饰面细木工板	113	102	90.3
合计	167	154	92.2

2.6.3.2 各地区产品监测合格率

2016 年监测地区涉及河北、吉林、黑龙江、上海、浙江、福建、山东、河南、湖北、湖南、广东、广西、贵州、云南和陕西共 15 个省（市、区），具体监测产品、数量及结果见表 2-33 和图 2-41。

表 2-33　各地区浸渍胶膜纸饰面胶合板/细木工板产品监测合格率

监测地区	浸渍胶膜纸饰面胶合板		浸渍胶膜纸饰面细木工板		合计	
	监测产品数（批）	合格率（%）	监测产品数（批）	合格率（%）	监测产品数（批）	合格率（%）
河北	5	60.0	8	62.5	13	61.5
吉林	2	100	5	80	7	85.7
黑龙江	—	—	10	100	10	100
上海	15	100	—	—	15	100
浙江	—	—	23	95.7	23	95.7

续表 2-33

监测地区	浸渍胶膜纸饰面胶合板		浸渍胶膜纸饰面细木工板		合计	
	监测产品数（批）	合格率（%）	监测产品数（批）	合格率（%）	监测产品数（批）	合格率（%）
福建	—	—	12	100	12	100.0
山东	10	100	5	100	15	100.0
河南	—	—	5	60	5	60.0
湖北	—	—	5	100	5	100.0
湖南	—	—	21	95.2	21	95.2
广东	2	100	1	100	3	100.0
广西	10	100	10	80	20	90.0
贵州	5	100	5	80	10	90.0
云南	5	100	—	—	5	100.0
陕西	—	—	3	100	3	100.0

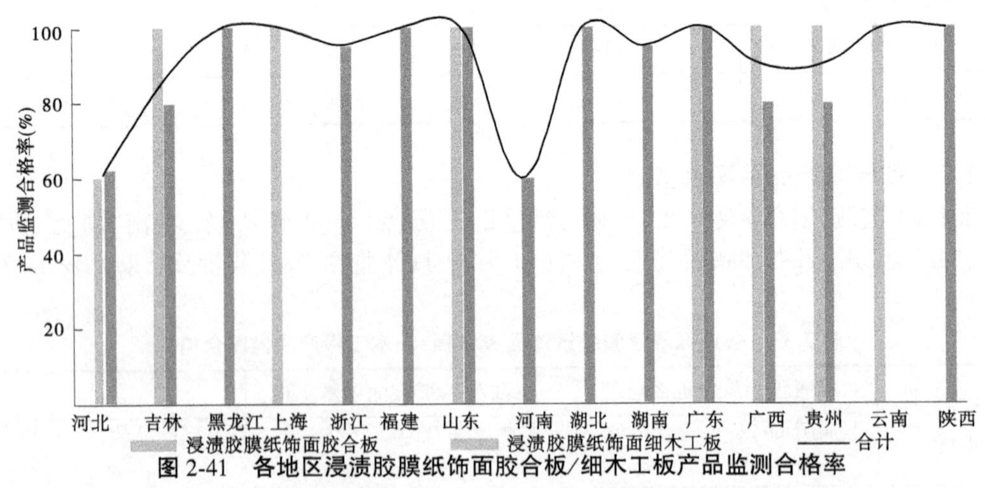

图 2-41 各地区浸渍胶膜纸饰面胶合板/细木工板产品监测合格率

2.6.3.3 不同规模企业监测合格率

2016 年监测的大、中、小型企业占比分别为 7.8%、28.7%和 63.5%。大、中、小型企业检测合格率见表 2-34。不合格企业主要为中、小型企业，其中，中型企业的不合格企业主要在于浸渍胶膜纸饰面细木工板生产企业；小型企业中，浸渍胶膜纸饰面胶合板和浸渍胶膜纸饰面细木工板企业均有不合格现象，后者企业合格率较前者低 7.9 个百分点。

表 2-34　不同规模浸渍胶膜纸饰面胶合板/细木工板企业监测合格率

产品名称	企业总数（家）	大型企业		中型企业		小型企业	
		数量(家)	合格率（%）	数量(家)	合格率（%）	数量(家)	合格率（%）
浸渍胶膜纸饰面胶合板	54	5	100	11	100	38	94.7
浸渍胶膜纸饰面细木工板	113	8	100	37	94.6	68	86.8
合计	167	13	100	48	95.8	106	89.6

2.6.3.4　甲醛释放量监测值统计结果

2016 年浸渍胶膜纸饰面胶合板/细木工板产品甲醛释放量监测值统计结果如图 2-42 所示。甲醛释放量达到 0.5 mg/L 以下(含 0.5 mg/L)有 93 批次，占被监测产品总数的 55.7%[见图 2-42(a)]。其中，浸渍胶膜纸饰面胶合板 35 批次，占该类被监测产品总数的 64.8%[见图 2-42(b)]；浸渍胶膜纸饰面细木工板 58 批次，占该类被监测产品总数的 51.3%[见图 2-42(c)]。可以看出，半数以上的浸渍胶膜纸饰面胶合板和浸渍胶膜纸饰面细木工板产品甲醛释放量均不超过 0.5 mg/L。浸渍胶膜纸饰面胶合板甲醛释放量最低达 0.1 mg/L；浸渍胶膜纸饰面细木工板甲醛释放量最低达 0.04 mg/L。

甲醛释放量超过 1.5 mg/L 的产品，其检测值多集中在 2.5~3.5 mg/L。浸渍胶膜纸饰面胶合板甲醛释放量最高达 4.85 mg/L；浸渍胶膜纸饰面细木工板甲醛释放量最高达 5.55 mg/L。

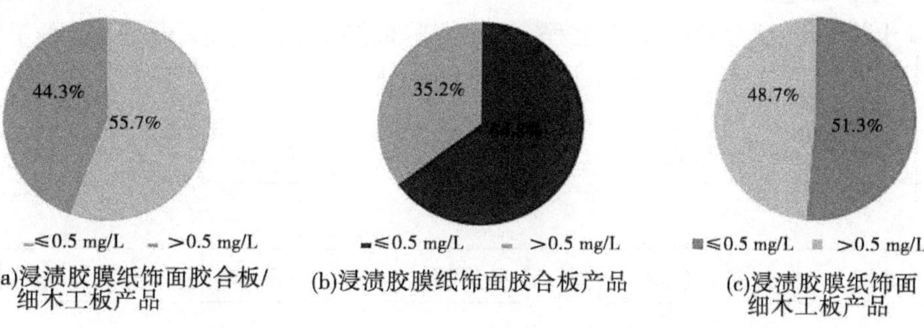

(a)浸渍胶膜纸饰面胶合板/细木工板产品　(b)浸渍胶膜纸饰面胶合板产品　(c)浸渍胶膜纸饰面细木工板产品

图 2-42　2016 年浸渍胶膜纸饰面胶合板/细木工板产品甲醛释放量监测值统计示意图

2.7　混凝土模板用胶合板

自 20 世纪 90 年代以来，随着我国建筑行业的飞速发展，我国混凝土模板用胶合板产业发展迅速。目前，我国生产混凝土模板用胶合板的企业约有 600 家，产量约 500 万 m^3。2013~2016 年，国家林业局连续 4 次对混凝土模板用胶合板产品质量进行行业监测，监测结果表明，我国混凝土模板用胶合板的整体质量不高。

2.7.1　基本情况

2.7.1.1　产品定义

混凝土模板用胶合板是由三层或三层以上的木材单板,按照对称原则、相邻层单板纤维方向互为直角原则组坯胶合成的可用作混凝土成型模具的板材。图 2-43 为混凝土模板用胶合板的样品。

图 2-43　混凝土模板用胶合板样品

混凝土模板用胶合板制备常用木材树种,主要包括马尾松、落叶松、云南松、辐射松、杨木、桦木、荷木、柳桉、奥克榄、阿必东等,常用的胶黏剂主要是酚醛树脂或性能相当的树脂。混凝土模板用胶合板常见厚度在 12~24 mm,常见幅面尺寸涂胶板为 1 830 mm×915 mm, 覆膜板为 2 440 mm×1 220 mm。

2.7.1.2　生产工艺

混凝土模板用胶合板的生产过程,主要由单板加工、组坯、热压及后期等工段组成(见图 2-44)。

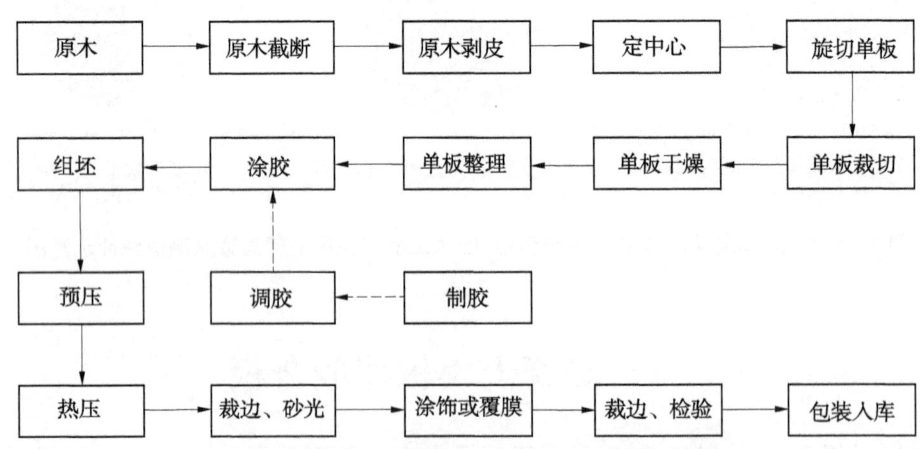

图 2-44　混凝土模板用胶合板生产过程示意图

混凝土模板用胶合板加工过程中,原木加工成单板,通常需要经过原木锯断、木段蒸煮软化、木段剥皮等工段,其中原木蒸煮工段对单板旋切质量影响较大。旋切成单板后,单板通常需要进行干燥和修补,单板干燥工段直接影响着单板的干燥质量和含水率,进而影响着后续的胶合质量。涂胶、组坯工段,关键的质量控制点包括胶粘剂质量、调胶工艺、涂胶参数等。热压工段,通常会增加一个预压工段,热压时关键参数包括单位压力、热压温度和热压时间等。热压完成后,通常还包括砂光、裁边及表面涂饰或覆膜等饰面工序。

2.7.1.3　产品分类

根据产品表面是否处理,混凝土模板用胶合板可分为以下 3 种产品:

(1)未经表面处理的混凝土模板用胶合板(简称素板)。

(2)经树脂饰面处理的混凝土模板用胶合板(简称涂胶板)。

(3)经浸渍胶膜纸贴面处理的混凝土模板用胶合板(简称覆膜板)。

2.7.1.4　产品特点

混凝土模板用胶合板是建筑用模板的一种,它由面板和支撑系统组成。其中,面板是使混凝土成形的部分,支撑系统是稳固面板位置和承受上部荷载的结构部分。与其他类建筑用模板相比具有如下优点:

(1)板面平整光滑,可锯、可钻,耐低温,有利于冬期施工,浇筑物件表面光滑美观,不污染混凝土表面,可省去墙面二次抹灰工艺。

(2)拆装方便,操作简单,工程进展速度快。

(3)可做成变曲平面模板,适用于高层建筑的顶模、墙模、梁柱模、阳台模板等。

2.7.1.5　产品应用

混凝土模板用胶合板广泛应用于建筑、桥梁工程、高速公路、隧道、地铁、核电站、水电站打坝等土木工程项目的混凝土结构施工。图 2-45 为混凝土模板用胶合板在建筑工程中的应用实例。

图 2-45　混凝土模板用胶合板应用实例

2.7.2　产量概况

自 20 世纪 90 年代以来,随着我国建筑行业的飞速发展,我国混凝土模板用胶合板产业发展迅速。目前,我国生产混凝土模板用胶合板的企业约有 600 家,产量约 500 万 m^3,主要集中分布在河北廊坊、江苏邳州、山东临沂和广西、福建、江西等区域。我国混凝土模板用胶合板企业以小型企业为主。

2.7.3 产品标准

2.7.3.1 标准情况

我国在 1999 年颁布并实施了国家标准《混凝土模板用胶合板》(GB/T 17656—1999),自该标准实施以来,有效地规范了我国混凝土模板用胶合板的生产。2008 年,为进一步规范混凝土模板用胶合板行业发展,保障产品质量,我国对《混凝土模板用胶合板》(GB/T 17656—1999)进行了修订,并于 2008 年 9 月 2 日发布了《混凝土模板用胶合板》(GB/T 17656—2008)标准。该标准对混凝土模板用胶合板的尺寸和公差、板的结构、树种、胶粘剂、等级与允许缺陷、含水率、胶合强度、静曲强度、弹性模量、浸渍剥离性能等指标要求及试验方法、检验规则等做了系统规定。

2.7.3.2 质量要求

1. 尺寸和公差

GB/T 17656—2008 规定混凝土模板用胶合板的规格尺寸应符合表 2-35 的规定。

表 2-35 规格尺寸 (单位:mm)

幅面尺寸				厚度
模数制		非模数制		
宽度	长度	宽度	长度	
—	—	915	1 830	≥12,<15 ≥15,<18 ≥18,<21 ≥21,<24
900	1 800	1 220	1 830	
1 000	2 000	915	2 135	
1 200	2 400	1 220	2 440	
—	—	1 250	2 500	

注:其他规格尺寸由供需双方协议。

对于模数制的板,其长度和宽度公差为 $^{0}_{-3}$ mm;对于非模数制的板,其长度和宽度公差为±2 mm。

GB/T 17656—2008 规定混凝土模板用胶合板的厚度偏差应符合表 2-36 的规定。

表 2-36 厚度公差 (单位:mm)

公称厚度	平均厚度与公称厚度间允许偏差	每张板内厚度最大允差
≥12,<15	±0.5	0.8
≥15,<18	±0.6	1.0
≥18,<21	±0.7	1.2
≥21,<24	±0.8	1.4

另外,板的垂直度不得超过 0.8 mm/m,板的四边边缘直度不得超过 1 mm/m,板的翘曲度 A 等品不得超过 0.5%,B 等品不得超过 1%。

2. 板的结构

GB/T 17656—2008 规定相邻两层单板的木纹应相互垂直,中心层两侧对称层的单板应为同一树种或物理力学性能相似的树种和同一厚度。应考虑成品结构的均匀性,组坯时表板和与表板纤维方向相同的各层单板厚度总和应不小于板坯厚度的 40%,不大于 60%。板的层数应小于 7 层,表层厚度应不小于 1. 2 mm,覆面模板表板厚度应不小于 0. 8 mm。

同一层表板应为同一树种,表板应紧面朝外,表板和芯板不允许采用未经斜面胶接或指形拼接的端接。

3. 树种

GB/T 17656—2008 规定混凝土模板用胶合板的用材树种为马尾松、云南松、落叶松、辐射松、杨木、桦木、荷木、枫香、柳安、奥克榄、克隆和阿必东等,并且以面板树种命名。

4. 胶黏剂

GB/T 17656—2008 规定混凝土模板用胶合板应采用酚醛树脂或性能相当的树脂作为胶黏剂。树脂饰面处理应采用酚醛树脂或性能相当的树脂。覆膜用的树脂应采用酚醛树脂或性能相当的树脂。

5. 外观质量

GB/T 17656—2008 根据外观质量情况,分别对混凝土模板用胶合板(素板)、树脂饰面混凝土模板用胶合板(涂胶板)和覆膜混凝土模板用胶合板(覆膜板)的外观质量进行了分等。其中,混凝土模板用胶合板(素板)的主要外观质量指标包括针节、活节、半活节、死节、裂缝、变色、孔洞、腐朽、表板离缝、芯板离缝、芯板叠离、鼓泡、分层、凹陷、表面砂透、补片、板边缺损等;涂胶板的外观质量指标主要为缺胶、凹陷、压痕、鼓包、鼓泡、分层、色泽不均等;覆膜板的外观质量指标主要是覆膜纸重叠、缺纸、凹陷、压痕、鼓包、鼓泡、分层、划痕等。

6. 理化性能

GB/T 17656—2008 规定混凝土模板用胶合板的物理力学性能应符合表 2-37 的要求。

表 2-37　混凝土模板用胶合板的物理力学性能要求

检验项目		单位	厚度(mm)			
			≥12,<15	≥15,<18	≥18,<21	≥21,<24
含水率		%	6~14			
胶合强度		MPa	≥0. 70			
静曲强度	顺纹	MPa	≥50	≥45	≥40	≥35
	横纹	MPa	≥30	≥30	≥30	≥25
弹性模量	顺纹	MPa	≥6 000	≥ 6000	≥5 000	≥5 000
	横纹	MPa	≥4 500	≥4 500	≥4 000	≥4 000
浸渍剥离性能		浸渍胶膜纸贴面与胶合板表层上的每一边累计剥离长度不超过 25 mm				

1）含水率

含水率指混凝土模板用胶合板中的水分的含量，由于木材具有干缩湿胀的特性，混凝土模板用胶合板的含水率过高或过低都会影响尺寸稳定性，会出现扭曲、变形、开裂等现象。含水率超标的产品在使用过程中容易受温湿度影响产生变形、翘曲，直接影响产品的使用功能。

2）胶合强度

胶合强度指标反映了混凝土模板用胶合板结构的稳定性和抵抗受力受潮开胶的能力。胶合强度不合格说明产品的胶合性能差，产品在使用中容易出现开胶、分层等问题。

3）静曲强度和弹性模量

静曲强度和弹性模量反映混凝土模板用胶合板的承载能力和抵抗受力变形的能力，不合格说明产品的力学强度较差，在受力后会产生较大的变形，在使用中容易出现断裂等问题。

4）浸渍剥离

浸渍剥离指标反映的是覆膜板使用的胶膜纸与胶合板间的胶合性能。浸渍剥离指标不合格，可能导致覆膜板产品在使用过程中胶膜纸与胶合板间开胶。

2.7.4　质量分析

2.7.4.1　行业整体质量情况

2013~2016 年，国家林业局连续 4 次对混凝土模板用胶合板产品质量进行行业监测。历次抽查企业数量和合格率见表 2-38 和图 2-46。

表 2-38　历次混凝土模板用胶合板质量行业监测结果

监测时间	2013 年	2014 年	2015 年	2016 年
监测产品数（批次）	140	156	144	119
抽样合格率（%）	32.9	26.8	31.9	22.7

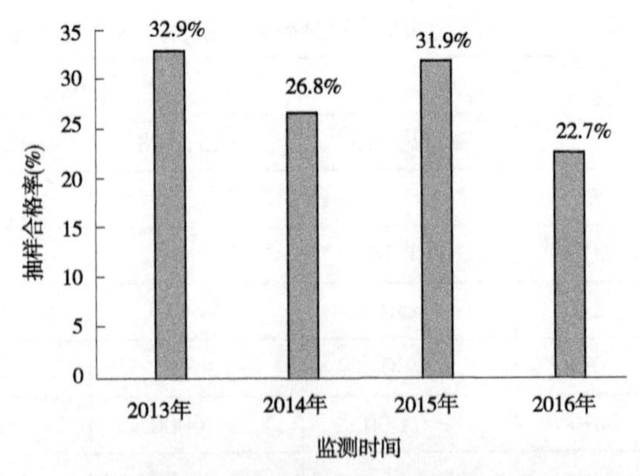

图 2-46　混凝土模板用胶合板历次行业监测抽样合格率比较

从表 2-38 和图 2-46 可知，我国混凝土模板用胶合板的整体质量不高，抽样合格率均在 30%左右。

2.7.4.2　各地区产品质量情况

各省份混凝土模板用胶合板历次质量监测结果见表 2-39 和图 2-47。

表 2-39　各省份混凝土模板用胶合板历次监测结果统计

统计地区	2013 年		2014 年		2015 年		2016 年	
	监测数（批）	抽样合格率(%)	监测数（批）	抽样合格率(%)	监测数（批）	抽样合格率(%)	监测数（批）	抽样合格率(%)
福建	10	20	9	20	5	20	—	—
广西	30	16.7	60	6	50	6	55	3.6
贵州	10	60	10	40	10	30	8	0
河北	40	22.5	35	54.3	20	65	15	53.3
湖南	11	100	10	0	15	6.7	10	0
吉林	3	66.7	8	71.4	7	100	10	60
江苏	5	100	5	100	5	100	—	—
辽宁	10	0	7	0	5	100	—	—
山东	8	0	5	40	5	0	—	—
陕西	4	25	3	0	4	75	3	0
四川	6	33.3	4	50	3	0	—	—
黑龙江	3	100	—	—	—	—	5	100
云南	—	—	—	—	15	6.7	10	60
合计	140	32.9	156	26.8	144	31.9	119	22.7

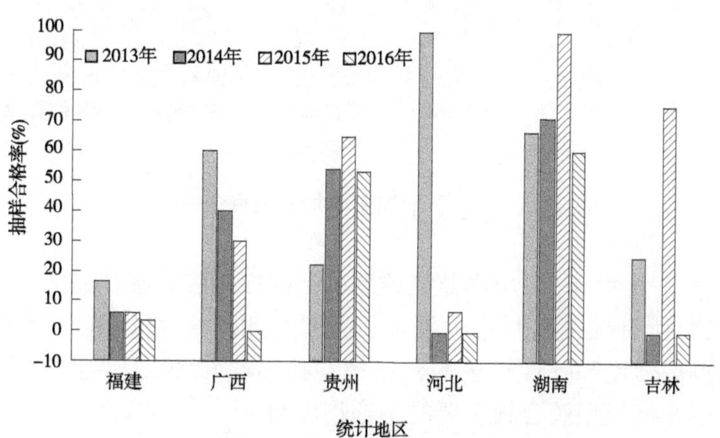

图 2-47　各地区混凝土模板用胶合板监测结果对比

从表 2-39 和图 2-47 可知，历次混凝土模板用胶合板质量行业监测中，各地的抽样合格率都不高。比较福建、广西、贵州、河北、湖南和吉林这 6 个地方的 4 次监测结果，发现湖南的抽样合格率相对略高一些，其次是贵州。总体来看，我国混凝土模板用胶合板合格率略有提升，但仍呈现较低的水平。

2.7.4.3　检验项目合格率情况

混凝土模板用胶合板产品质量历次行业监测中，各检验项目合格率见表 2-40 和图 2-48。

表 2-40　混凝土模板用胶合板监测项目合格率统计结果　　(%)

检验项目	2013 年	2014 年	2015 年	2016 年
含水率	95	87.2	81.3	
胶合强度	47.1	41	39.6	
静曲强度	58.6	51.3	48.6	
弹性模量	50.7	44.2	47.2	
浸渍剥离性能	100	88	92.3	

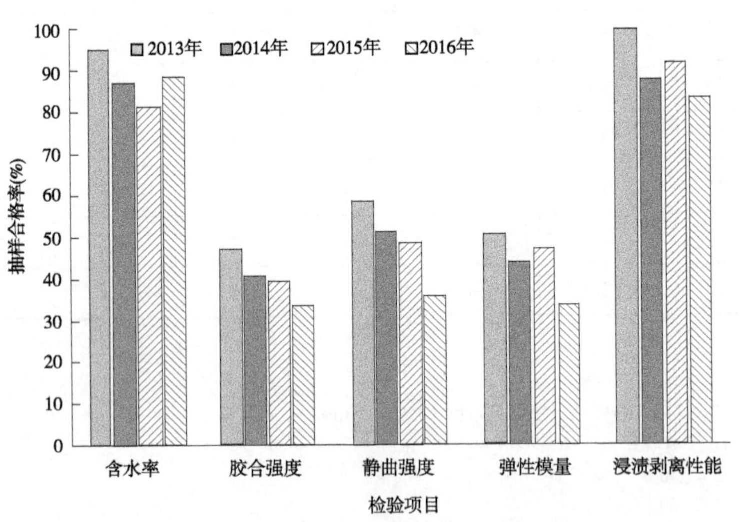

图 2-48　历次行业监测中检验项目合格率比较

从表 2-40 和图 2-48 可知，历次监测的混凝土模板用胶合板产品的各项理化性能指标均有不合格现象，所有检测项目中除浸渍剥离性能和含水率性能合格率达到 80% 以上外，胶合强度、静曲强度和弹性模量的合格率均在 60% 以下，表明胶合强度、静曲强度和弹性模量是混凝土模板用胶合板主要的不合格项目。

2.7.4.4　不同规模企业的合格率情况

以 2016 年行业监测结果为依据，分析我国不同规模混凝土模板用胶合板企业的产品质量情况。该次共监测了 119 家混凝土模板用胶合板企业,合格企业为 27 家,不同规模的混凝土模板用胶合板企业及产品合格率见表 2-41 和图 2-49。该次行业监测被监测的企业规模兼顾大、中和小型企业,其中大型企业 2 家,占本次抽查企业总数的 1.7%,大型企业合格率为 50%;中型企业 5 家,占该次抽查企业总数的 4.2%,中型企业合格率为 80%;小型企业 112 家,占抽查企业总数的 94.1%,小型企业中合格率仅为 19.6%。从表 2-41 可以看出,混凝土模板用胶合板企业合格率总体较低,且合格率随企业规模减小而递减。

表 2-41　2016 年行业监测中不同规模的混凝土模板用胶合板企业合格率

企业类型	监测企业数（家）	合格企业数（家）	企业合格率（%）	监测产品数（批）	合格产品数（批）	产品合格率（%）
大型	2	1	50	2	1	50
中型	5	4	80	5	4	80
小型	112	22	19.6	112	22	19.6
合计	119	27	22.7	119	27	22.7

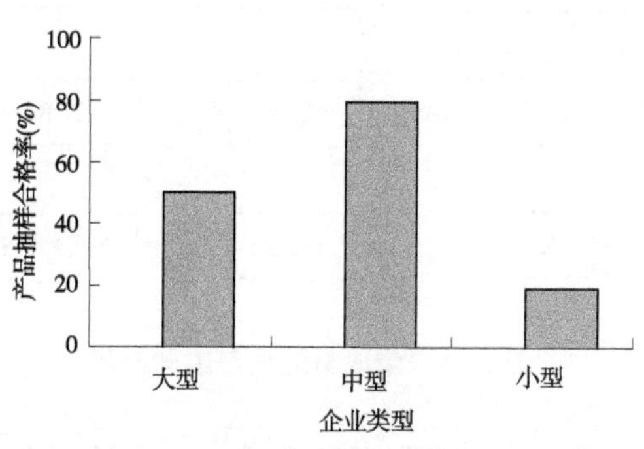

图 2-49　2016 年行业监测中不同规模混凝土模板用胶合板企业的合格率比较

2.8　集成材

自 20 世纪 80 年代开始,我国集成材产业在东北三省萌芽,并逐渐发展起来,现已成为我国人造板产品中的一种重要品类。据《中国林业统计年鉴》统计,2005~2009 年我国集成材年产量逐年上升,2009 年,我国集成材产品产量达 102.24 万 m^3,并且自 2009 年以来我国集成材产量一直呈现递增趋势。为规范产品生产、保证产品质量,2013 年以来,国家林业局连续 4 年对非结构用集成材产品进行了行业监测工作。2016 年,我国集成材产品合格率达到 93.0%。

2.8.1　基本情况

2.8.1.1　定义

集成材是指将纤维方向基本平行的板材、小方材等在长度、宽度和厚度方向上集成胶合而成的材料。图 2-50 为集成材产品。

图 2-50　集成材产品

2.8.1.2　生产工艺

集成材的生产工艺流程如图 2-51 所示。

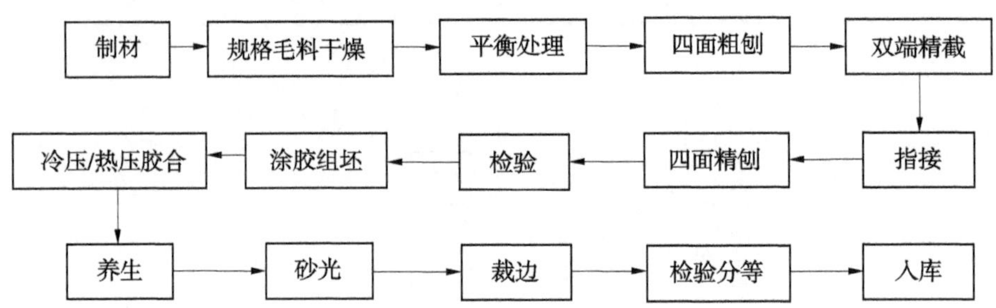

图 2-51　集成材的生产工艺流程

集成材产品的原料主要是小径级原木及木材加工中的边角余料；干燥方法主要采用气干和窑干，通常干燥至木材含水率 8%~12%；平衡是在一定温湿度条件下，将干燥处理后的木材在干板库存放 6~15 天，消除干燥应力，同时使含水率均匀一致；集成材备料加工包括四面粗刨和双端精截，制得符合各等级标准的小木条；指接及胶合包括指接、四面精刨、检验、涂胶组坯、冷压/热压胶合到养生等各工序，制备出集成材；砂光和截边使集成材达到要求的尺寸；最后进行分等包装、入库。

2.8.1.3　产品分类

根据承载情况分为结构用集成材和非结构用集成材。

根据林业行业标准《非结构用集成材》(LY/T 1787—2016)，按形状可分为集成板材和集成方材，其中集成板材又可分为单层集成板和多层集成板；按饰面状态可分为非结构用集成材和非结构贴面集成材。

2.8.1.4　产品特点与用途

1. 产品特点

集成材是综合了原料优点的一种材料，其特点如下：

(1)集成材保留了天然木材的材质感,外表美观。

(2)由实体木材的短小料制造成尺寸与形状均符合要求的大材料,做到小材大用、劣材优用。

(3)木材中常见的裂纹、斜纹等缺陷可在组坯前剔除,这样可制造出缺陷少的材料。

(4)与实体木材相比,集成材各部分含水率较均一,开裂、变形小,但出材率低,产品的成本高。

(5)按用途及使用场所以薄板拼合而成的材料,故可满足强度及形状的要求。

2. 产品用途

集成材可以代替实体木材,应用于木材行业的各个领域。非结构用集成材主要用于制作受力较小的部件,广泛应用于家具、木门、窗和室内装饰材料方面;结构用集成材可制作各种造型的承载梁、柱、架等,广泛应用于体育馆、音乐厅、厂房、仓库及桥梁等建筑物上。

2.8.2　产量概况

目前,我国集成材已形成了从植树造林、锯材加工到产品生产、销售和服务的完整的产业链,并在山东、浙江、湖南、广东、江西等地产生了一批产业相对集中的生产基地。据 2005~2009 年《中国林业统计年鉴》,我国集成材年产量逐年上升,如图 2-52 所示。2010 年后《中国林业统计年鉴》关于我国集成材年产量数据未进行报道,但是,由于我国优质木材缺乏,集成产业迅速发展,据调研统计,2016 年我国集成材产量达 800 万 m^3, 呈现逐年递增趋势。

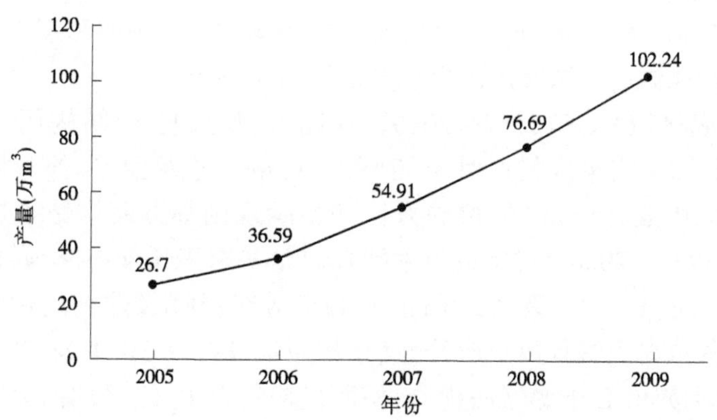

图 2-52　2005~2009 年我国集成材产品年产量变化趋势

2.8.3　相关标准

目前,已经颁布实施的集成材相关标准有 3 项(见表 2-42),其中,国家强制性标准 1 项、国家推荐标准 1 项、行业标准 1 项。

表 2-42 我国已颁布并实施的集成材相关标准

序号	标准编号	标准名称	发布部门	实施日期（年-月-日）
1	GB 18580—2001	室内装饰装修材料 人造板及其制品中甲醛释放限量	国家质量监督检验检疫总局	2002-01-01
2	GB/T 26899—2011	结构用集成材	国家质量监督检验检疫总局	2011-12-01
3	LY/T 1787—2016 替代 LY/T 1787—2008	非结构用集成材	国家林业局	2016-12-01

《室内装饰装修材料 人造板及其制品中甲醛释放限量》（GB 18580—2001），是国家质量监督检验检疫总局 2001 年 12 月 10 日发布，并于 2002 年 1 月 1 日正式实施。该标准对集成材的甲醛释放量的检验方法和限量值进行了规定，要求采用 40 L 干燥器法检验集成材的甲醛释放量，E_1 级的甲醛释放量应≤1.5 mg/L。该标准的最新版本《室内装饰装修材料 人造板及其制品中甲醛释放限量》（GB 18580—2017），国家质量监督检验检疫总局已于 2017 年 4 月 22 日发布，于 2018 年 5 月 1 日开始实施。新版标准采用 1 m^3 气候箱法进行甲醛释放量检测。

《结构用集成材》（GB/T 26899—2011）对结构用集成材的术语和定义、最低性能和生产要求、物理化学性能试验方法及产品标识方法进行了规定。

《非结构用集成材》（LY/T 1787—2016）替代了《集成材 非结构用》（LY/T 1787—2008），新标准对非结构用集成材产品组坯原则、规格尺寸及偏差、外观质量、理化性能（含水率、浸渍剥离、甲醛释放量）的检验方法和检验规则等方面均做了规定。《集成材 非结构用》（LY/T 1787—2008）对集成材甲醛释放量要求采用 40 L 干燥器法检测，指标规定了 E_0 级≤0.5 mg/L 和 E_1 级≤1.5 mg/L 两个等级；新版《非结构用集成材》（LY/T 1787—2016）要求集成材甲醛释放量应符合《结构用集成材》（GB/T 26899—2011）中的甲醛释放量的规定，即按 40 L 干燥器法检测，检测值应符合 F_1 级平均值≤0.3 mg/L、最大值≤0.4 mg/L，F_2 级平均值≤0.5 mg/L、最大值≤0.7 mg/L，F_3 级平均值≤1.5 mg/L、最大值≤2.1 mg/L，F_4 级平均值≤3.0 mg/L、最大值≤4.2 mg/L。

2.8.4 质量分析

2013~2016 年，国家林业局对非结构用集成材产品进行了行业监测，执行标准《室内装饰装修材料 人造板及其制品中甲醛释放限量》（GB 18580—2001）和《集成材 非结构用》（LY/T 1787—2008）对抽查的集成材产品甲醛释放量、含水率和浸渍剥离三个指标进行检测，历年集成材产品合格率在 71.5%~93.0%。

2.8.4.1　总体产品合格率

自 2013 年以来,国家林业局连续 4 年对非结构用集成材产品进行了行业监测,2013~2016 年非结构用集成材产品行业监测情况如表 2-43 和图 2-53 所示。由表 2-43 可见,2013 年我国集成材产品合格率为 71.5%,与此相比,2014~2016 年均有所提高,分别为 88.5%、85.2%和 93.0%,均在 85%以上,其中 2016 年产品合格率最高,较 2013 年提高了 21.5 个百分点。

表 2-43　2013~2016 年非结构用集成材产品行业监测情况

年份	监测产品数(批次)	合格产品数(批次)	抽样合格率(%)
2013	137	98	71.5
2014	131	116	88.5
2015	115	98	85.2
2016	100	93	93.0

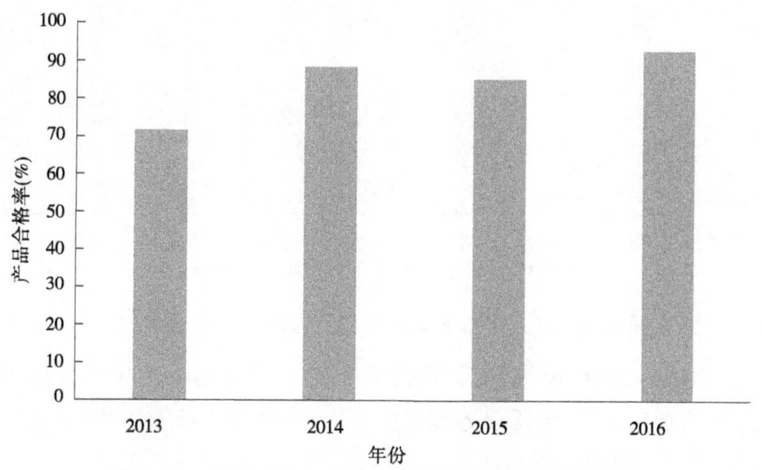

图 2-53　2013~2015 年集成材产品合格率变化趋势

2.8.4.2　各地区产品合格率

2013~2016 年非结构用集成材产品行业监测产品合格率见表 2-44 和图 2-54。2013~2016 年我国大部分区域集成材产品合格率总体呈现上升趋势。

表 2-44　2013~2016 年非结构用集成材产品行业监测产品合格率　(%)

监测地区		2013 年	2014 年	2015 年	2016 年
华东	福建	100	100	100	100
	浙江	24	74.3	70	83.3
	上海	100	—	—	—

续表 2-44

省份		2013 年	2014 年	2015 年	2016 年
华中	湖北	80	100	75	—
	湖南	100	85.3	95	100
东北	吉林	100	100	81.3	90
	黑龙江	100	96.8	80	100
西南	四川	100	100	—	—
	贵州	100	100	80	90

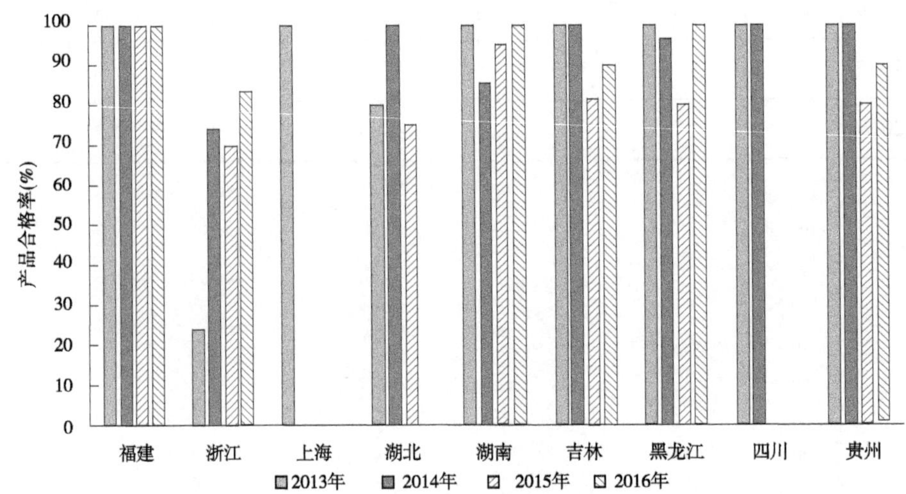

图 2-54　2013~2016 年非结构用集成材产品合格率

华东地区中,2010~2016 年福建省集成材产品合格率较高,近年合格率达 100%,产品质量较稳定;浙江省呈逐年升高趋势,2016 年达到 83.3%。上海仅在 2013 年开展了产品质量检查,合格率为 100%。

华中地区中,湖北省仅在 2013~2015 年开展了质量检查工作,集成材产品合格率在 75%~100%;湖南省 2014 年集成材产品合格率为 85.3%,2013 年和 2016 年均为 100%。

东北地区中,2013~2016 年集成材产品质量监测工作主要集中在吉林省和黑龙江省。在 2015 年,两省产品合格率分别为 81.3% 和 80%,其他年份产品合格率均在 90%~100%。

西南地区中,四川省集成材产品仅在 2013 年和 2014 年开展了产品检查工作,产品合格率保持 100%。贵州省 2013 年和 2014 年产品合格率均为 100%,2015 年和 2016 年分别为 80%和 90%。

2.8.4.3　不同企业规模产品合格率

根据集成材产品行业的实际情况,企业生产规模以集成材产品年产值为标准划分为大、中、小型企业(见表 2-45)。

表 2-45　企业刨花板产品生产规模划分

企业刨花板产品生产规模	大型企业	中型企业	小型企业
产值(万元)	≥12 500	≥5 000 且<12 500	<5 000

2013~2016 年我国大、中、小型集成材生产企业的产品合格率见表 2-46、图 2-55。由表 2-46、图 2-55 可见,2013 年和 2014 年大型企业和产品合格率均为 100%,2015 年和 2016 年合格率为 75%;2013~2016 年中型企业合格率为 62.5%~100%。2013~2016 年小型企业产品合格率分别为 71.9%、87.2%、85.9%和 92.9%,2016 年产品合格率最高。

表 2-46　2013~2016 年我国大、中、小型集成材生产企业的产品合格率

企业规模	2013 年	2014 年	2015 年	2016 年
大型	100	100	75.0	75.0
中型	62.5	94.7	83.3	100
小型	71.9	87.2	85.9	92.9

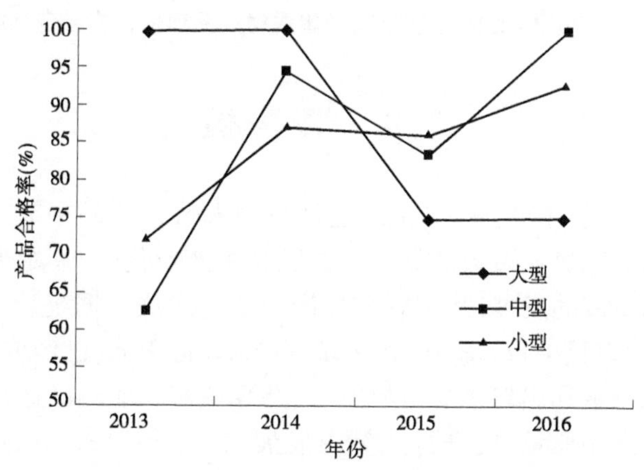

图 2-55　2013~2016 年我国不同企业规模集成材产品合格率变化趋势

2.8.4.4　不同检验项目合格率

非结构用集成材监测项目主要为含水率、浸渍剥离和甲醛释放量,2013~2016 年非结构用集成材产品项目合格率见表 2-47 和图 2-56。由表 2-47 和图 2-56 中可见,产品含水率合格率 2013~2015 年均维持在较高水平,均在 95%以上,2016 年略有降低;浸渍剥离指标 2015 年合格率最低为 81.7%,其他年份均在 99.0%以上;甲醛释放量合格率波动较大,2013~2016 年分别为 73.7%、93.1%、84.3%和 99.0%。

表 2-47　2013～2016 年非结构用集成材产品项目合格率　（%）

检测项目	2013 年	2014 年	2015 年	2016 年
含水率	98.5	95.4	98.3	94.0
浸渍剥离	99.3	99.1	81.7	99.0
甲醛释放量	73.7	93.1	84.3	99.0

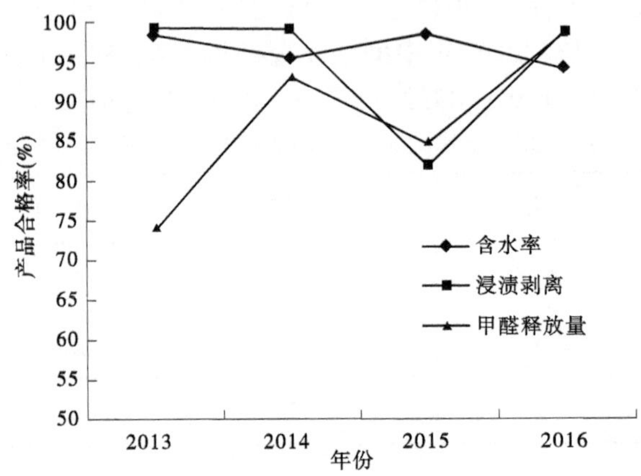

图 2-56　2013～2016 年非结构用集成材产品项目合格率变化趋势

2.9　胶合板

胶合板是我国人造板中的主导产品，也是我国人造板产品中起步最早、发展速度最快、国际竞争力最强的优势人造板产品。我国胶合板产业化生产，始于 20 世纪 20 年代的东北地区，随着我国经济的发展，我国胶合板产业快速发展。据统计，2016 年我国胶合板产量 17 756 万 m^3，出口量 1 117.3 万 m^3，出口额 52.8 亿美元，已经成为世界胶合板生产、消费和出口大国，总产量和出口量居世界第一，并且主流企业也已达到国际先进水平。为规范产品生产、保证产品质量，促进行业健康发展，2011 年以来，我国连续 6 次开展了胶合板产品质量国家监督抽查工作，从抽查结果来看，我国胶合板产品质量整体较好，2016 年监督抽查抽样合格率达 98.0%。

2.9.1　基本情况

2.9.1.1　产品定义与分类

胶合板是将三层或三层以上的单板，按照对称原则、相邻层单板纤维方向互为直角原则组坯胶合成的板材。胶合板一般由表板和芯板组成。表板指胶合板表面的单板层，又分面板和背板；芯板指介于两层表板之间的一层或多层单板层。按照单板层数分类，胶合板可分为三层胶合板、五层胶合板和多层胶合板。图 2-57 为五层胶合板结构示意图，图 2-58 为胶合板产品示例。

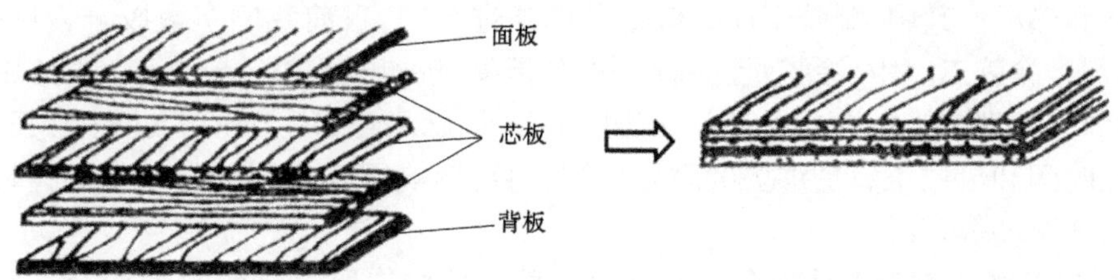

图 2-57　五层胶合板结构示意图

图 2-58　胶合板产品示例

2.9.1.2　生产工艺

胶合板的生产过程，主要由旋切单板、单板干燥、涂胶、组坯、热压等加工工段组成（见图 2-59）。

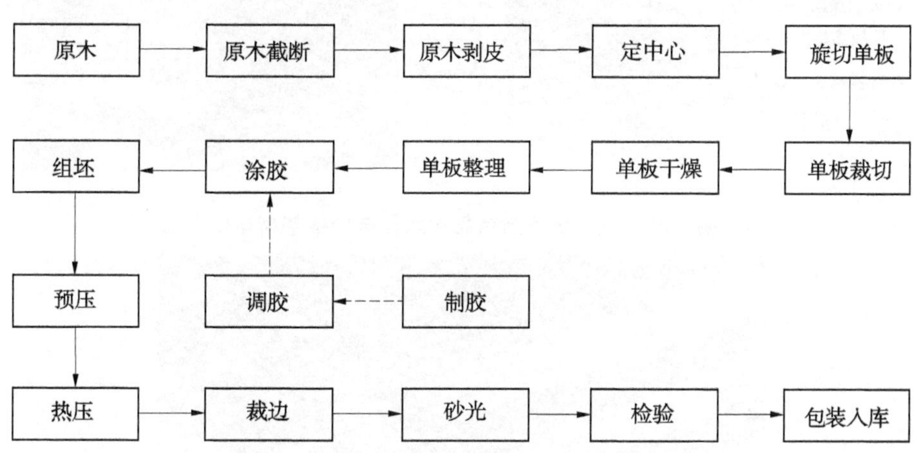

图 2-59　胶合板生产过程示意图

胶合板加工过程中，主要有如下几个质量控制点：

(1)原木到旋切单板。原木通常需要经过截断、蒸煮软化、剥皮后才可进行单板旋切，而蒸煮软化对旋切单板质量影响较大。

(2)单板旋切到单板的干燥、整理。这几个工段主要涉及旋切单板，并对单板进行裁切、干燥和修补，质量控制点为旋切单板和单板干燥。其中，旋切单板包括定中心和旋切，旋切刀具直接影响单板质量。另外，单板干燥质量直接影响着后续胶合质量及胶合板的含水率指标。

(3)涂胶、组坯与热压。这几个工段实现了胶合板的热压成型，主要包括制胶、涂胶、组坯、预压和热压。其中,制胶工序一般都是单独进行的,目前我国多数胶合板厂家都是外购胶黏剂。涂胶工序中,涂胶量、涂胶方式等是关键的质量控制点。组坯工序中,胶合板采取相邻层纹理交错的方式组坯。在热压工序前,通常还有一个预压过程,热压时热压温度、加压时间和单位压力是重要的质量控制参数,影响因素主要包括单板的树种、胶黏剂类型、板坯厚度等。

(4)检验工段。该工段是胶合板产品出厂质量检验工段,根据《普通胶合板》(GB/T 9846—2015)包装的规定,目前胶合板出厂检验项目有外观质量、规格尺寸及含水率、胶合强度和甲醛释放量。

2.9.1.3 产品特点与应用

与实体木材相比,胶合板具有木材利用率高、尺寸稳定性好、变形小、规格尺寸大、内部天然缺陷少、表面装饰美观、机械加工性能好等优点,是一种结构和性能优良的人造板材。

胶合板用途广泛,主要用于家具、室内装饰装修、木质地板、木质门窗、木结构及车船内部立面装饰等,是一种重要的装饰装修材料和工程材料,与人们生活密切相关。胶合板还可进一步饰面后使用,如采用优质木材单板饰面后加工制造多层实木复合地板(见图 2-60),还可以采用浸渍胶膜纸饰面后生产浸渍胶膜纸饰面胶合板(俗称生态板),用于木质家具制作(见图 2-61)。

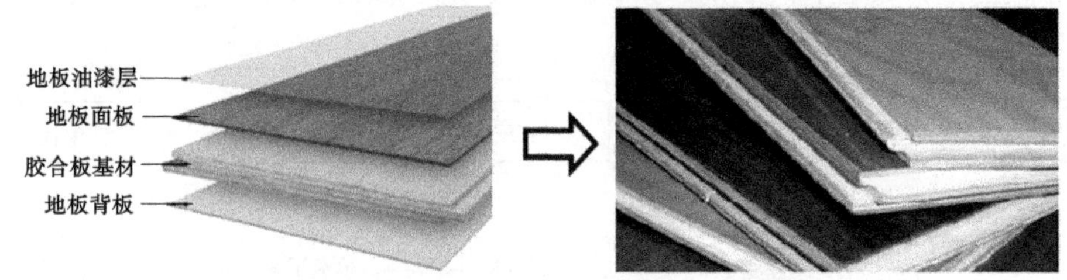

图 2-60 胶合板作为多层实木复合地板基材示例

图 2-61 三聚氰胺胶膜纸饰面胶合板示例

根据胶合板的使用环境、表面加工状态和使用性能，胶合板可分为如下几类（见表 2-48）。目前，以干燥条件下使用胶合板所占市场份额最大。

表 2-48　胶合板分类

序号	分类依据	产品分类
1	使用环境	干燥条件下使用胶合板
		潮湿条件下使用胶合板
		室外条件下使用胶合板
2	表面加工状态	未砂光胶合板
		砂光胶合板
3	使用性能	Ⅰ类胶合板
		Ⅱ类胶合板
		Ⅲ类胶合板

2.9.2　产量概况

2.9.2.1　产业分布情况

据不完全统计，目前我国从事胶合板及相关产品生产的企业上万家，主要分布在山东、河北、江苏、广西、浙江、广东等地。其中，山东、河北和江苏省三个地区的企业总数多，并且分布较集中，山东集中在临沂市，江苏集中在徐州市，河北集中在廊坊市。

我国胶合板生产企业以民营的小型企业为主。其中，年销售额小于 0.5 亿元的企业（小型企业）约占总数的 75%；年销售额在 0.5 亿~1.25 亿元的企业（中型企业）约占总数的 20%；年销售额在 1.25 亿元以上的企业（大型企业）约占总数的 5%（见图 2-62）。

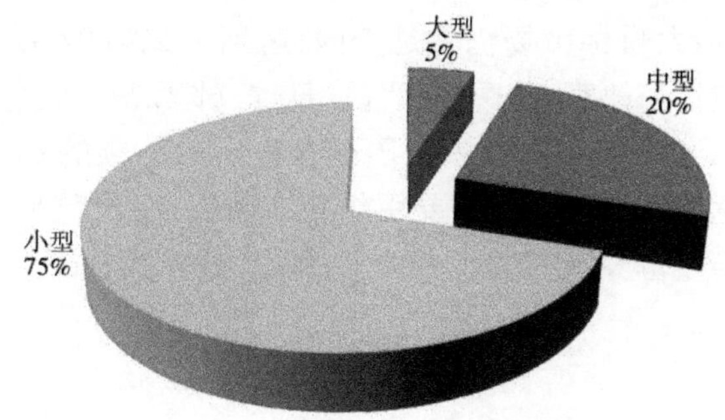

图 2-62　我国胶合板企业规模统计

2.9.2.2　产量情况

据国家林业局发布的数据，我国胶合板 2006~2016 年的产量见图 2-63。从图 2-63 可以看出，我国胶合板产量从 2009 年开始呈快速发展态势，产量稳步提升。

胶合板是资源约束型产业，受木材原料供求关系和原料质量的影响较大。我国胶合板产业受市场需求（廉价产品需求旺盛）、原材料变化和无卡轴旋切机研发使用等因素的

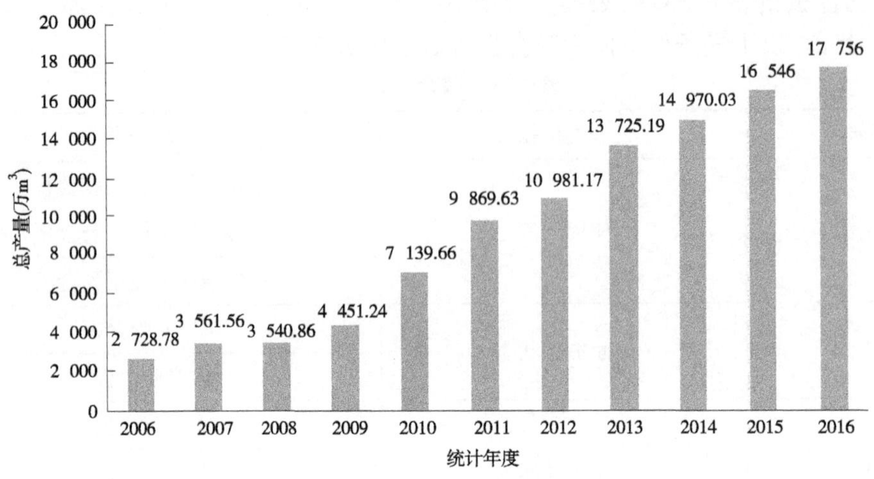

图 2-63　2000~2016 年我国胶合板产量

影响，近 10 多年来企业由规模大而数量少演变为小而多，主导产品由薄板（3 mm）为主演变为以厚板（7 mm 以上）为主，原材料由东南亚进口阔叶材为主演变为以杨木、桉木等国内人工速生林木材为主。

2.9.2.3　国内外销售情况

我国胶合板以内销为主，约 10%外销，从事胶合板外销的企业集中在山东临沂、江苏邳州等胶合板产业集群区域。海关统计数据显示，过去 10 年间，我国胶合板出口量由 2007 年的 878.2 万 m^3 上升到 2016 年的 1 117.3 万 m^3，增长了 27.23%，年均增长率为 3.35%。从市场结构看，我国胶合板出口遍布世界 6 个大洲 176 个国家和地区，但主要集中在北美洲、亚洲和西欧地区，以美国、日本、英国、韩国、阿拉伯联合酋长国为主。2016 年，我国胶合板出口的最大目标市场仍然是美国，达到了 204.92 万 m^3。除美国外，主要的胶合板出口市场还包括菲律宾、英国、阿联酋、日本、韩国等。从金额上来看，2016 年我国胶合板出口量排名前十的市场份额占我国胶合板出口总额的 61.08%。其中，出口到美国、英国、日本等发达国家的胶合板主要用作装饰面板，单价较高，而出口到阿联酋、菲律宾和沙特阿拉伯等第三世界国家的胶合板主要用作建筑模板，单价较低。

2.9.3　产品标准

2.9.3.1　产品标准情况

目前我国胶合板产品依据的标准有以下几个：

（1）《普通胶合板》（GB/T 9846—2015）。该标准主要规定了普通胶合板的术语和定义、分类、要求、测量及试验方法、检验规则，以及标志、包装、运输和储存等。

（2）《室内装饰装修材料 人造板及其制品中甲醛释放限量》（GB 18580—2001）。GB 18580—2017 正式实施日期为 2018 年 5 月 1 日。该标准规定胶合板的甲醛释放量为 0.124 mg/m^3，测试方法为 1 m^3 气候箱法。

2.9.3.2　产品质量指标

1. 含水率

含水率指胶合板中含有的水分。《普通胶合板》(GB/T 9846—2015)规定Ⅰ类、Ⅱ类胶合板的出厂含水率应为5%~14%;Ⅲ类胶合板的出厂含水率应为5%~16%。含水率超标的产品在使用过程中容易受温湿度的影响产生变形、翘曲,直接影响产品的使用功能。

2. 胶合强度

胶合强度反映了胶合板结构的稳定性和抵抗受力受潮开胶的能力。胶合强度不合格说明产品的胶合性能差,产品在使用中容易出现开胶、分层等问题。《普通胶合板》(GB/T 9846—2015)中将胶合板分为3类:Ⅰ类胶合板,能够通过煮沸试验,供室外条件下使用的耐气候胶合板;Ⅱ类胶合板,能够通过63 ℃±3 ℃热水浸渍试验,供潮湿条件下使用的耐水胶合板;Ⅲ类胶合板,能够通过20 ℃±3 ℃冷水浸泡试验,供干燥条件下使用的不耐潮胶合板。

《普通胶合板》(GB/T 9846—2015)中对不同类别、不同树种制备的胶合板规定了不同的胶合强度指标值,具体如下:

(1)一般要求见表2-49。

表 2-49　胶合板的胶合强度要求

序号	树种名称/木材名称/国外商品材名称	类别	
		Ⅰ、Ⅱ类	Ⅲ类
1	椴木、杨木、拟赤杨、泡桐、橡胶木、奥克榄、白梧桐、异翅香、海棠木、桉木	≥0.70 MPa	≥0.70 MPa
2	水曲柳、荷木、枫香、槭木、榆木、柞木、阿必东、克隆、山樟	≥0.80 MPa	
3	桦木	≥1.00 MPa	
4	马尾松、云南松、落叶松、云杉、辐射松	≥0.80 MPa	

(2)对用不同树种搭配制成的胶合板的胶合强度指标值,应取各树种中胶合强度指标值要求最小的指标值。

(3)如测定胶合强度试件的平均木材破坏率超过80%时,则其胶合强度指标值可比表2-49所规定的指标值低0.20 MPa。

(4)其他国产阔叶树材或针叶树材制成的胶合板,其胶合强度指标值可根据其密度分别比照表2-49所规定的椴木、水曲柳或马尾松的指标值;其他热带阔叶树材制成的胶合板,其胶合强度指标值可根据树种的密度比照表2-49的规定,密度自0.60 g/cm^{3}以下的采用柳桉的指标值,超过的则采用阿必东的指标值。供需双方对树种的密度有争议时,按GB/T 1933的规定测定。

3. 浸渍剥离

当胶合板相邻层单板木纹方向相同时,应进行浸渍剥离试验。每个试件同一胶层每边剥离长度累计不超过25 mm。

4. 静曲强度和弹性模量

静曲强度和弹性模量的指标要求见表 2-50。

表 2-50 胶合板的静曲强度和弹性模量要求

试验项目		公称厚度 t(mm)				
		$7\leq t\leq 9$	$9<t\leq 12$	$12<t\leq 15$	$15<t\leq 21$	$t>21$
静曲强度(MPa)	顺纹	32.0	28.0	24.0	22.0	24.0
	横纹	12.0	16.0	20.0	20.0	18.0
弹性模量(MPa)	顺纹	5 500	5 000	5 000	5 000	5 500
	横纹	2 000	2 500	3 500	4 000	3 500

5. 甲醛释放量

甲醛释放量反映胶合板的环保性能。《胶合板》(GB/T 9846—2015)规定胶合板的甲醛释放量应符合《室内装饰装修材料 人造板及其制品中甲醛释放限量》(GB 18580)的规定。GB 18580—2001 将胶合板分为 E_1 级和 E_2 级两个级别,其中 E_1 级≤1.5 mg/L,E_2 级≤5.0 mg/L。2018 年 5 月 1 日后,执行 GB 18580—2017,新版标准取消了 E_2 级的规定,要求胶合板等室内用人造板产品的甲醛释放量均达到 E_1 级,指标为≤0.124 mg/m^3,测试方法为 1 m^3 气候箱法。

2.9.4 质量分析

2.9.4.1 总体产品抽查合格率

自 2011~2016 年,我国连续 6 次对胶合板产品质量进行国家监督抽查,从抽查结果(见表 2-51)可知,目前我国胶合板产品质量整体较好,且胶合板产品抽查合格率总体呈现上升趋势(见图 2-64)。

表 2-51 近几年胶合板产品质量监督抽查情况及结果统计

抽查时间(年)	抽查企业数量(家)	产品抽查合格率(%)
2008	250	89.7
2009	140	86.4
2011	860	89.9
2012	199	89.9
2013	210	87.6
2014	171	97.1
2015	261	97.8
2016	150	98.0

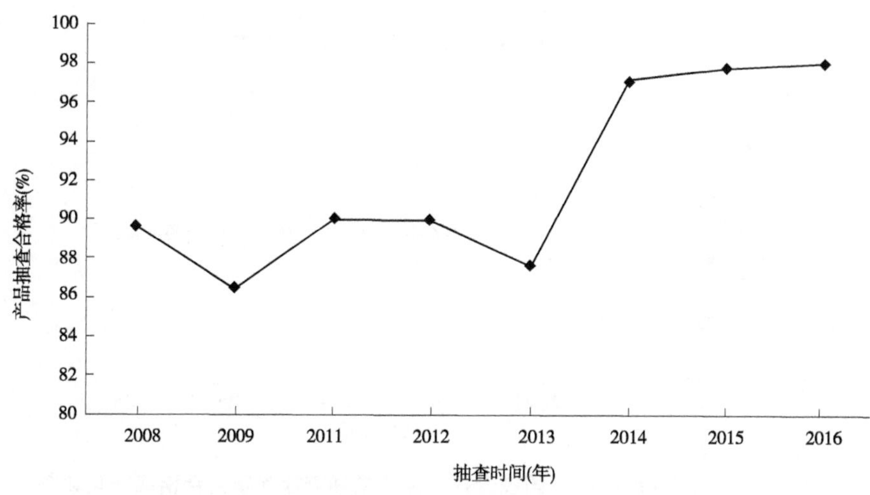

图 2-64　2011~2016 年我国胶合板产品质量抽查合格率变化趋势

2.9.4.2　不合格检验项目

从表 2-52 可知,胶合强度和甲醛释放量是主要的不合格项目。

表 2-52　2011~2016 年我国胶合板之类监督抽查中各检验项目合格率　(%)

检验项目	2011 年	2012 年	2013 年	2014 年	2015 年	2016 年
含水率	99.5	98.0	97.6	100	100	100
胶合强度	97.5	94.0	91.0	99.4	99.3	99.3
甲醛释放量	92.4	97.5	98.1	97.7	98.5	98.7

其中,甲醛释放量是胶合板的唯一环保指标,当甲醛释放量过高时,会影响人体健康。由于大部分企业主要采用甲醛类胶粘剂生产胶合板,所以胶合板产品中或多或少会产生一定量的甲醛释放。当空气中甲醛含量超过一定范围时,会影响人的呼吸道系统,如有刺鼻、流泪等感觉。从图 2-65 可知,目前我国胶合板的甲醛释放量控制较好,合格率在 95%以上。

胶合强度是反映胶合板结构的稳定性和抵抗受力受潮开胶的能力,胶粘剂性能、单板质量和胶合工艺都影响胶合板的胶合强度。如果胶合板的胶合强度值低,板材易出现开胶、开缝等现象,影响产品的使用性能。从图 2-65 可知,近年我国胶合板的胶合强度合格率也趋于稳定,接近 100%,只有少数个别产品该项指标检验不合格。

含水率指胶合板中水分的含量。由于木材具有干缩湿胀特性,即当环境中相对湿度高于木材自身含水率时,木材可从环境中吸收水分,木材的体积膨胀;当环境中相对温度低于木材自身含水率时,木材可向环境中蒸发水分,木材的体积干缩。由于胶合板主要是由木材单板按一定的纹理方向组坯而成的,所以也具有干缩湿胀特性,当环境中的温湿度发生变化较大时,胶合板会产生变形、翘曲、开裂等,影响胶合板的使用性能。

此外,由于受原材料天然缺陷和胶合工艺的影响,胶合板还存在如下一些缺陷:①鼓

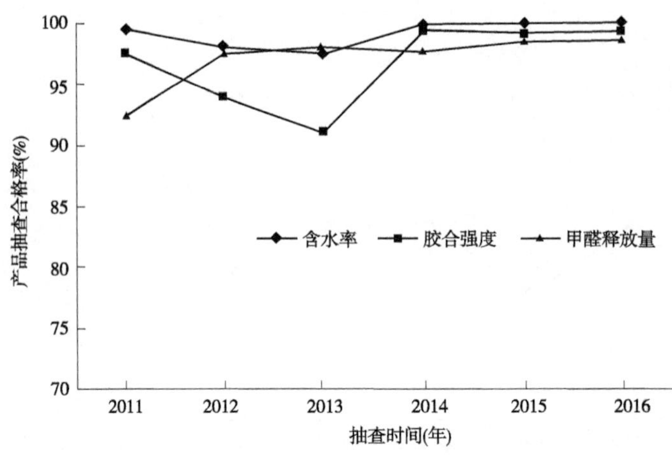

图 2-65　2011~2016 年我国胶合板产品质量抽查检验项目合格率变化趋势

泡,指胶合板表面存在的局部空心隆起;②局部开胶、边角开胶,指胶合板的胶接面局部分离;③透胶,指胶合板热压胶合后,胶粘剂从单板的孔隙中渗漏出其外表面从而形成胶斑;④板面的虫眼、节疤、裂纹等,虫眼、节疤、裂纹是木材的天然缺陷,在胶合板生产过程中如果未做好单板修补工作,则胶合板成品可能出现虫眼、节疤、裂纹等缺陷,影响胶合板的外观质量。

2.10　细木工板

在大径积阔叶材供给不足和大力培育速生丰产用材林的背景下,细木工板应运而生,且迅速发展成为我国人造板四大板种之一,据《中国林业统计年鉴》,2015 年我国细木工板产量 2 075.96 万 m^3,占当年人造板产量的 7.2%。我国细木工板国家标准于 1986 年首次发布,历经三次修订,现行标准为 GB/T 5849—2016;依据 GB/T 5849 和 GB 18580—2001,2010~2016 年我国共组织实施了 7 次细木工板国家监督抽查和行业监测,累计抽检细木工板 2 735 批次,抽查合格率从 83.4%稳步提升至 95.0%。细木工板国际标准《Wood-based panels—Plywood—Blockboards and battenboards》(ISO 13609:2014)由我国提出并主导制定,该标准是我国人造板行业首个主导制定的国际标准。

2.10.1　基本情况

2.10.1.1　定义

细木工板是由木条沿顺纹方向组成板芯,两面与单板或胶合板组坯胶合而成的一种人造板。细木工板产品外观见图 2-66。

2.10.1.2　生产工艺

细木工板通常为五层结构,即五层细木工板,产品由 2 层表板、2 层芯板和 1 层板芯组成。最外层的单板称表板,如果细木工板正反两面表板的外观质量等级不同,则外观质量较优的一面称为面板,另一面则称为背板;与表板相邻的内层单板称芯板;细木工板的

图 2-66　细木工板产品

中间层称板芯，是由木条沿顺纹方向组成的拼板。板芯为产品提供一定的厚度和强度；芯板为产品提供一定的横向静曲强度，同时缓冲板芯表面的不平整，以避免影响细木工板的外观质量；表板除有美化细木工板外观质量的作用外，还有利于提高板材的纵向静曲强度。细木工板结构示意图见图 2-67。

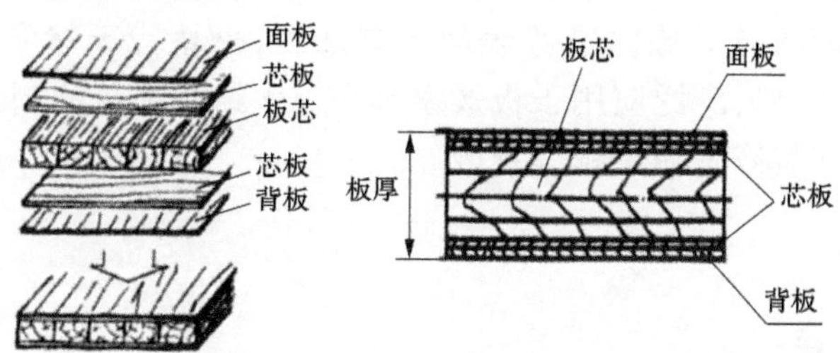

图 2-67　细木工板结构示意图

以五层细木工板为例，细木工板的生产工艺流程见图 2-68。

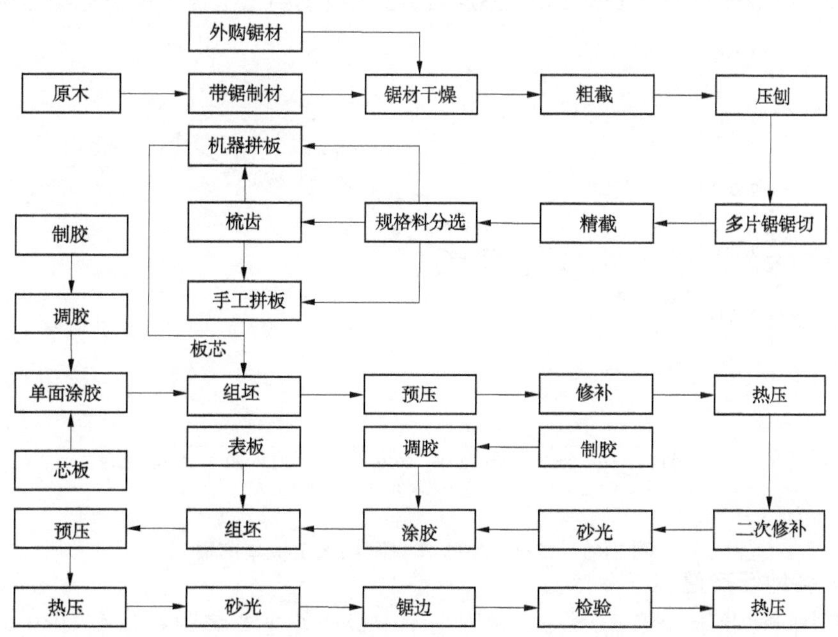

图 2-68　细木工板生产工艺流程

2.10.1.3 产品分类

根据产品板芯拼接状况、表面加工状况、产品层数进行分类,细木工板可以分为如表 2-53 所示类别,其中五层细木工板、双面砂光细木工板、胶拼细木工板是主导产品,规格尺寸通常为长 2 440 mm、宽 1 220 mm、厚 15~19 mm。

表 2-53 细木工板分类

序号	分类依据	产品分类
1	板芯拼接状况	胶拼细木工板、不胶拼细木工板
2	表面加工状况	单面砂光细木工板、双面砂光细木工板、不砂光细木工板
3	层数	三层细木工板、五层细木工板、多层细木工板

2.10.1.4 产品特点与用途

细木工板板面美观、幅面大、强度高、质量轻、变形小、易加工、握钉力好,适宜装饰单板贴面、浸渍胶膜纸饰面、UV 漆涂饰等表面装饰加工,是替代天然实木板材用于家具制作和装饰装修的优质材料,广泛应用于板式家具和板木结合家具的制作,以及门窗、墙板、隔断、吊顶和室内装饰装修隐藏工程等领域。

2.10.2 产量概况

2.10.2.1 全国总产量

根据《中国林业统计年鉴》公布的数据,2005~2015 年我国细木工板产量总体呈上升趋势,其中 2008 年、2012 年和 2015 年略有回落。2014 年产量最高,达 2 388 万 m^3,比 2010 年增长 44.6%,比 2005 年增长 143.2%。2005~2015 年我国细木工板年产量见图 2-69。

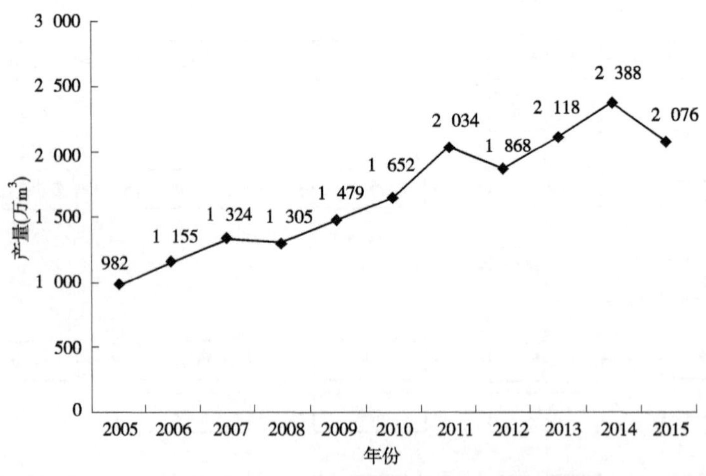

图 2-69 2005~2015 年我国细木工板年产量

2.10.2.2 各地区产量

根据《中国林业统计年鉴》数据,我国细木工板产业主要集中在华东、华中、华北和华南等地区,2015 年以上 4 个地区的细木工板产量依次占全国细木工板产量的 54.6%、

15.89%、12.04%和 11.47%，累计占全国细木工板产量的 94.00%。我国各地区细木工板产量占比见图 2-70。

按省(区、市)分析，细木工板产业主要集中区包括江苏、浙江、河北、广西、山东、福建、河南和湖南等，2015 年以上 8 个省(区)的细木工板产量依次占全国细木工板产量的 16.3%、13.0%、11.6%、10.9%、10.2%、7.0%、6.4%和 6.4%，累计占全国细木工板产量的 81.8%，我国各省(区、市)细木工板产量占比见图 2-71。

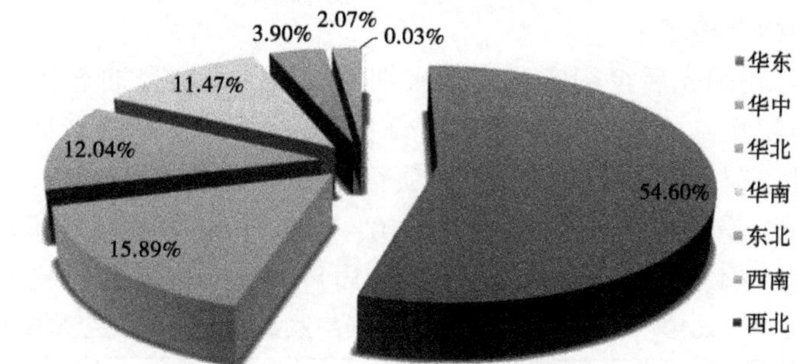

图 2-70　我国各地区细木工板产量占比

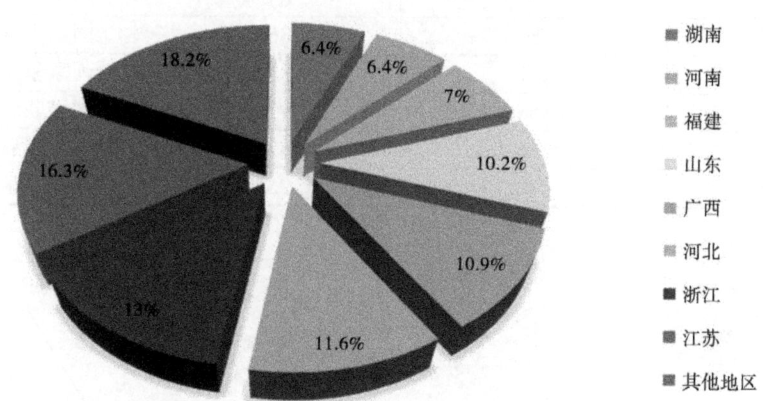

图 2-71　我国各省(区、市)细木工板产量占比

2.10.3　相关标准

我国细木工板产品现行标准为《细木工板》(GB/T 5849—2016)和《室内装饰装修材料 人造板及其制品中甲醛释放限量》(GB 18580—2017)。

《细木工板》(GB/T 5849—2016)对产品分等、外观质量、规格尺寸及其偏差、理化性能(含水率、横向静曲强度、浸渍剥离性能、表面胶合强度、胶合强度、甲醛释放量)的检验方法和检验规则等方面做了规定。

《室内装饰装修材料 人造板及其制品中甲醛释放限量》(GB 18580—2001)于 2001 年 12 月 10 日发布并于 2002 年 1 月 1 日正式实施，该标准对室内用细木工板的甲醛释放量的检测方法和限量值进行了规定，要求采用 9~11 L 干燥器法检验细木工板甲醛释放量，E_1 级细木工板的甲醛释放量应≤1.5 mg/L，E_2 级细木工板的甲醛释放量应≤5.0

mg/L，且 E_2 级必须饰面处理并达到饰面人造板甲醛释放量标准后才允许用于室内。GB 18580 的最新版本《室内装饰装修材料 人造板及其制品中甲醛释放限量》(GB 18580—2017)已于 2017 年 4 月 22 日发布，于 2018 年 5 月 1 日实施，新标准规定检测方法为 1 m^3 气候箱法，甲醛释放量限量值为 0.124 mg/m^3，限量标识为 E_1。

2.10.4　质量分析

2.10.4.1　总体抽检合格率

2010~2016 年，我国先后组织实施了 7 次细木工板国家监督抽查和行业监测，其中包括国家质检总局组织实施的 3 次国家联动监督抽查、1 次国家专项监督抽查、2 次国家季度监督抽查，以及国家林业局组织实施的 1 项行业监测，累计抽检细木工板 2 735 批次，抽查合格率从 83.4%稳步提升至 95.0%。2010~2016 年细木工板质量国家监督抽查和行业监测情况见表 2-54，2010~2016 年细木工板质量抽检合格率变化趋势见图 2-72。

表 2-54　2010~2016 年细木工板质量国家监督抽查和行业监测情况

抽查时间(年)	抽查企业数量(家)	产品抽查合格率(%)	说明
2010	1 206	83.3	国家联动监督抽查
2011	200	83.0	国家专项监督抽查
2012	180	86.7	国家季度监督抽查
2013	171	89.5	国家季度监督抽查
2014	356	92.1	国家联动监督抽查
2015	186	87.6	林产品行业监测
2016	436	95.0	国家联动监督抽查

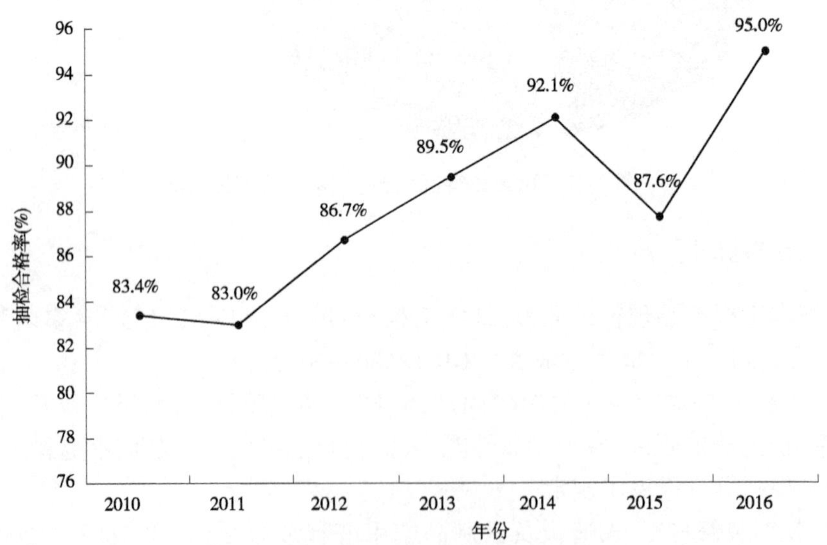

图 2-72　2010~2016 年细木工板质量抽检合格率变化趋势

2.10.4.2　各地区抽检合格率

2010~2016 年,我国大部分省份细木工板抽检合格率呈现上升趋势,但有个别省份抽检合格率波动较大,个别省份抽检合格率多年持续低于当年总体抽检合格率。2010~2016 年我国各地区细木工板产品抽检合格率见表 2-55。

表 2-55　2010~2016 年我国各地区细木工板产品抽检合格率　(%)

抽检地区		2010 年	2011 年	2012 年	2013 年	2014 年	2015 年	2016 年
华北	北京	100	—	—	100	—	—	—
	天津	100	—	—	—	—	—	—
	河北	93.3	100	90.5	88.9	90.0	—	96.7
	山西	100	—	—	—	—	—	—
	内蒙古	100	—	—	—	91.7	—	100
东北	辽宁	80.0	90.0	—	90.0	93.1	100	90.0
	吉林	96.8	—	—	100	100	100	100
	黑龙江	97.1	—	—	—	100	100	93.8
华东	上海	100	—	—	—	—	—	—
	江苏	78.1	70.0	91.7	75.0	90.0	80.0	90.9
	浙江	95.0	100	88.0	100	—	80.0	93.2
	安徽	84.6	75.0	70.0	100	—	—	100
	福建	78.4	90	95.7	100	92.3	100	94.4
	江西	77.8	82.4	92.3	83.3	90.0	—	96.0
	山东	81.8	100	90.0	94.4	—	100	100
华中	河南	88.9	—	100	—	—	60.0	100
	湖北	76.5	—	100	87.5	100	100	100
	湖南	69.5	83.3	80.0	91.7	95.0	92.3	93.3
华南	广东	73.1	100	87.5	41.7	96.4	—	96.0
	广西	78.0	90.9	70.0	90.0	91.7	82.5	84.4
西南	重庆	35.7	—	66.7	80.0	41.7	—	100
	四川	86.9	62.5	0	100	100	—	93.3
	贵州	66.7	—	—	—	—	80.0	100
	云南	100	—	—	—	—	100	100
西北	陕西	61.5	100	—	—	—	87.5	—
	甘肃	87.5	—	—	100	90.0	—	100
	青海	62.5	—	—	—	—	—	80.0
	新疆	62.5	—	—	—	—	—	—
总体抽检合格率		83.4	83.0	86.7	89.5	92.1	87.6	95.0

2010~2016 年我国各地区细木工板产品抽检合格率见图 2-73。

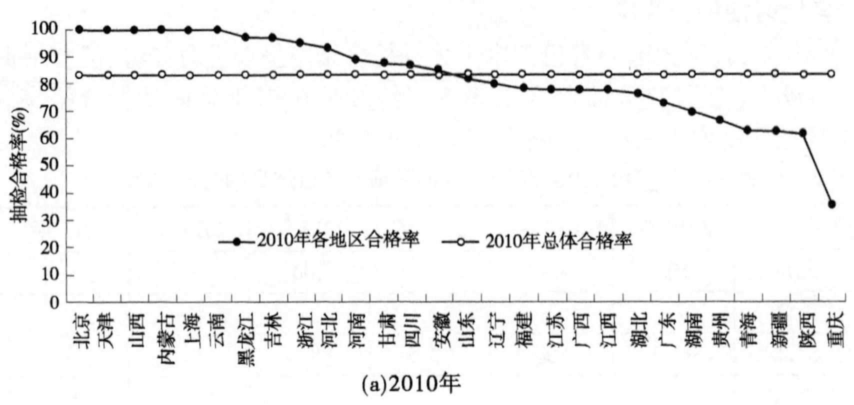

(a)2010年

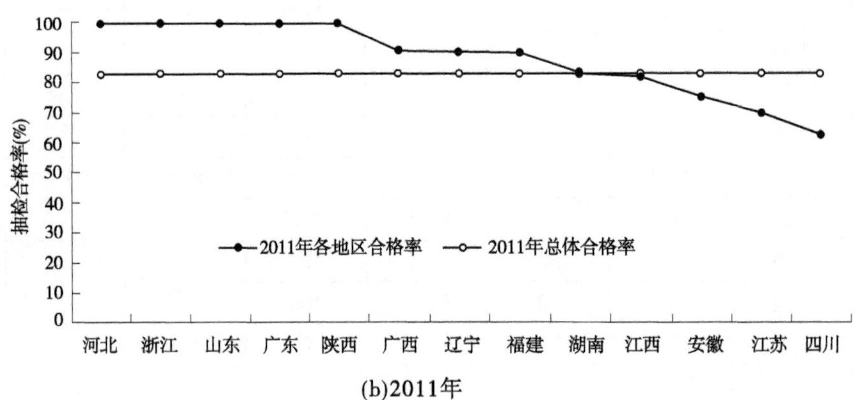

(b)2011年

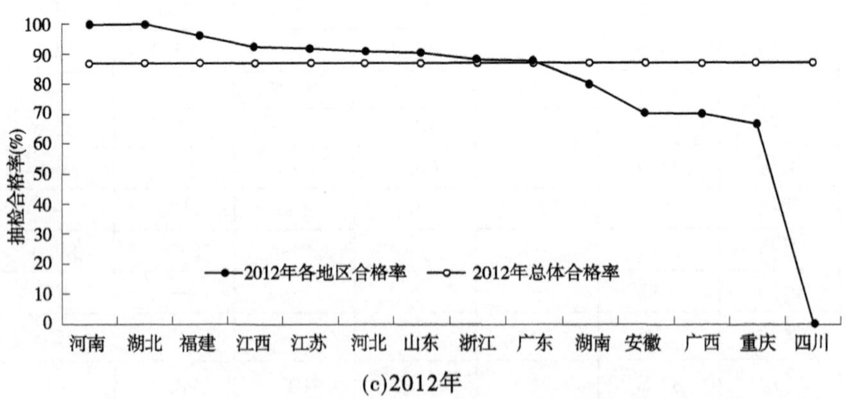

(c)2012年

图 2-73　2010~2016 年我国各地区细木工板产品抽检合格率

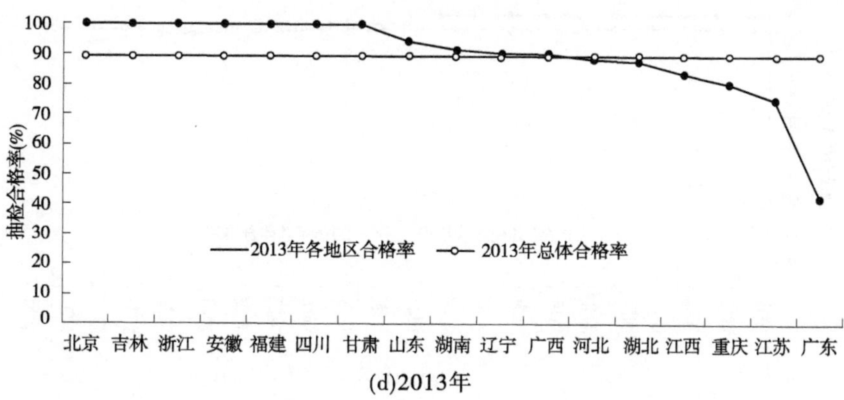

(d)2013年

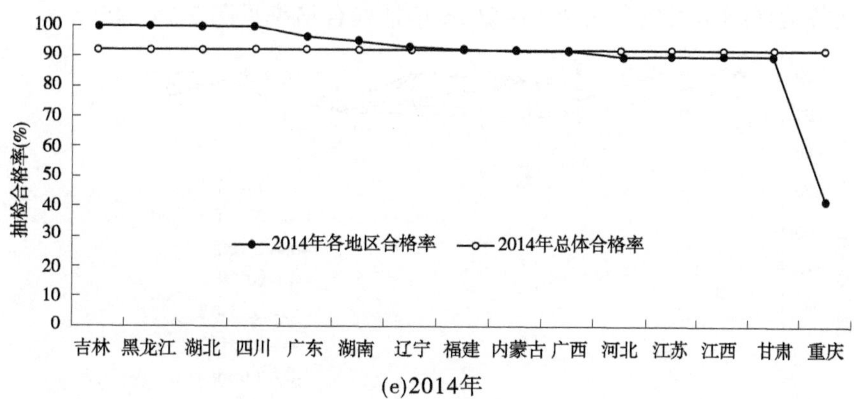

(e)2014年

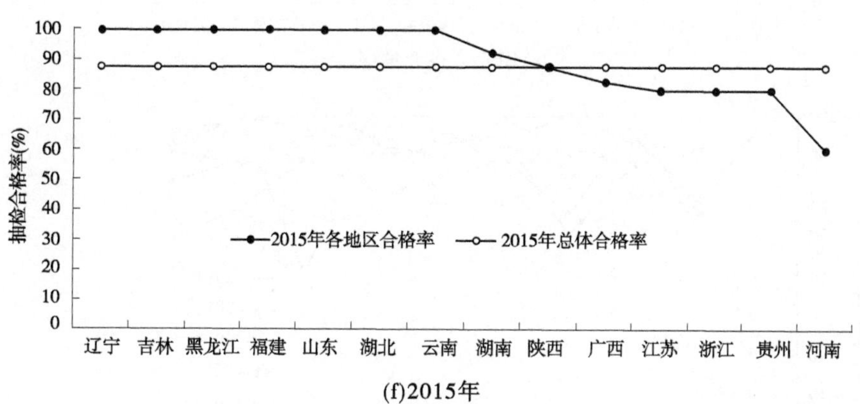

(f)2015年

续图 2-73

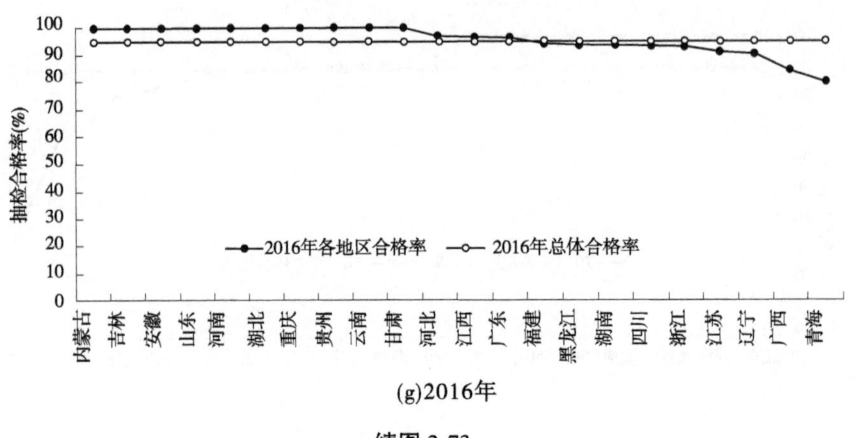

(g)2016年

续图 2-73

我国各地区细木工板产品 2010~2016 年抽检合格率见图 2-74。

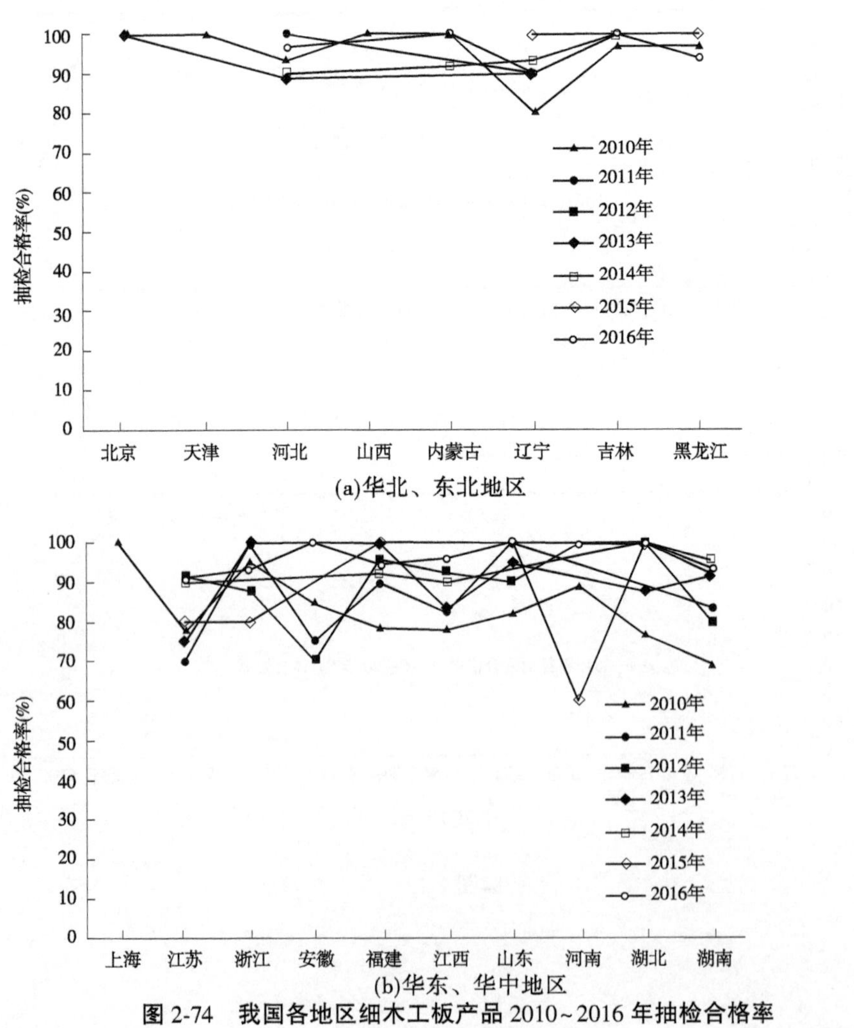

(a)华北、东北地区

(b)华东、华中地区

图 2-74　我国各地区细木工板产品 2010~2016 年抽检合格率

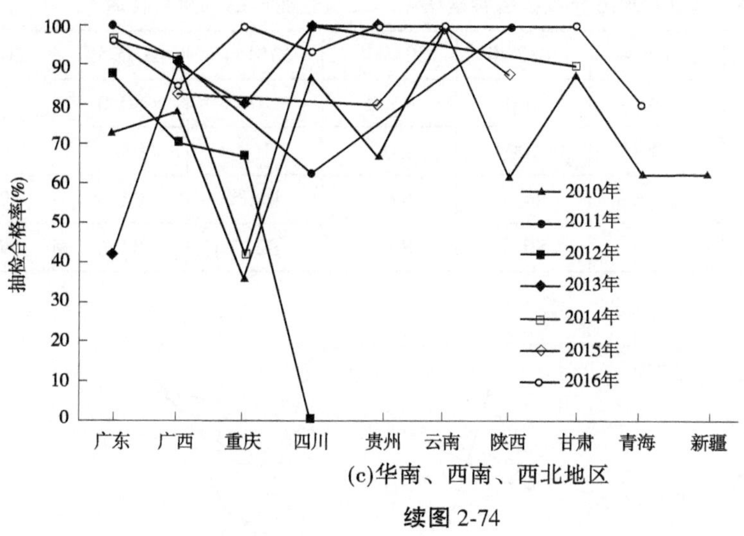

(c)华南、西南、西北地区

续图 2-74

2.10.4.3　各种规模企业产品抽检合格率

根据细木工板行业的实际情况,企业生产规模按企业细木工板产品年销售额划分为大、中、小型企业,具体见表 2-56。

表 2-56　细木工板企业规模划分标准

企业规模	大型企业	中型企业	小型企业
销售额(万元)	≥12 500	≥5 000 且<12 500	<5 000

注:年销售额包括内销和外销总额。

2010~2016 年,我国大、中、小型细木工板企业抽检数量分布见表 2-57,其中大型企业在当年抽检企业数中占比为 1.16%~3.89%,中型企业占比处于 1.99%~17.20%,小型企业占比处于 80.11%~96.85%。

表 2-57　2010~2016 年我国各种规模细木工板企业抽检数量　(单位:家)

企业规模	2010 年	2011 年	2012 年	2013 年	2014 年	2015 年	2016 年
大型	14	3	7	4	6	5	13
中型	24	12	16	11	15	32	39
小型	1 168	185	157	156	335	149	384
合计	1 206	200	180	171	356	186	436

2010~2016 年,我国大、中、小型细木工板企业产品抽检合格率情况见表 2-58 和图 2-75。

表 2-58 2010~2016 年我国各种规模细木工板企业产品抽检合格率 (%)

企业规模	2010 年	2011 年	2012 年	2013 年	2014 年	2015 年	2016 年
大型	100	100	100	75.0	100	80.0	100
中型	95.8	100	100	100	100	93.8	94.9
小型	82.9	81.6	84.7	89.1	91.6	86.6	94.8
总体	83.3	83.0	86.7	89.5	92.1	87.6	95.0

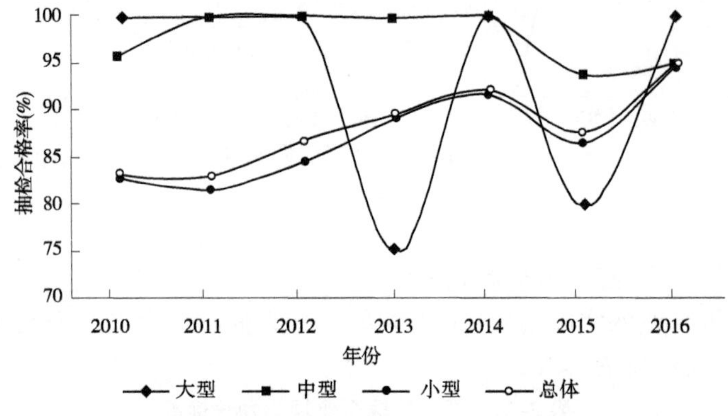

图 2-75 2010~2016 年我国各种规模细木工板企业产品抽检合格率

2.10.4.4 各检验项目抽检合格率

2010~2016 年,细木工板产品质量国家监督抽查/行业监测中,各检验项目的合格率情况见表 2-59 和图 2-76。

表 2-59 2010~2016 年细木工板产品质量抽检检验项目合格率 (%)

序号	检验项目	2010 年	2011 年	2012 年	2013 年	2014 年	2015 年	2016 年
1	表面胶合强度	99.6	100.0	100.0	96.4	99.4	100.0	100.0
2	含水率	95.5	99.5	96.7	97.7	98.0	97.8	98.4
3	甲醛释放量	90.7	88.0	93.3	96.5	95.2	93.0	97.7
4	横向静曲强度	90.6	88.5	93.3	97.1	95.2	94.1	97.9
5	胶合强度	68.2	—	—	—	—	—	100.0

2.11 刨花板

自 20 世纪 50 年代进入我国市场,刨花板产品产量飞速增长,现已成为我国人造板产品中的一种重要品类。据《中国林业统计年鉴》统计,2015 年,我国刨花板产品产量达 2 030.19 万 m^3,约占 2015 年人造板总产量(28 679.52 万 m^3)的 7.1%。为规范产品生产、保证产品质量,2010 年以来,我国开展了多次刨花板产品质量监测工作。2010~2016

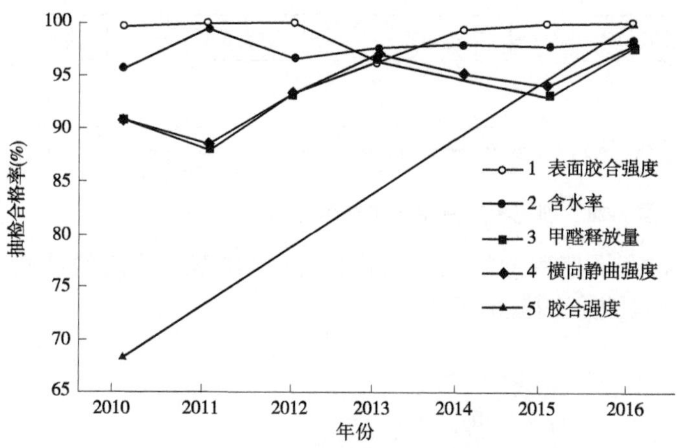

图 2-76　2010~2016 年细木工板产品质量抽检检验项目合格率

年，刨花板产品抽查（监测）合格率呈现明显上升的趋势，2016 年产品抽查合格率为 88.6%，较 2010 年提高了 28.2 个百分点。

2.11.1　基本情况

2.11.1.1　定义

将木材或非木材植物纤维原料加工成刨花（或碎料），施加胶粘剂（和其他添加剂），组坯成型并经热压而成的一类人造板材。图 2-77 为刨花板产品。

图 2-77　刨花板产品

2.11.1.2　生产工艺

刨花板的生产过程主要包括刨花制备、刨花干燥、刨花施胶、铺装成型、预压、热压、冷却、裁边、砂光、检验、入库等工段（见图 2-78）。

2.11.1.3　产品分类

《刨花板》（GB/T 4897—2015）将刨花板按用途分为 12 类，分别为干燥状态下使用的普通型刨花板、干燥状态下使用的家具型刨花板、干燥状态下使用的承载型刨花板、干燥状态下使用的重载型刨花板、潮湿状态下使用的普通型刨花板、潮湿状态下使用的家具型刨花板、潮湿状态下使用的承载型刨花板、潮湿状态下使用的重载型刨花板、高湿状态下

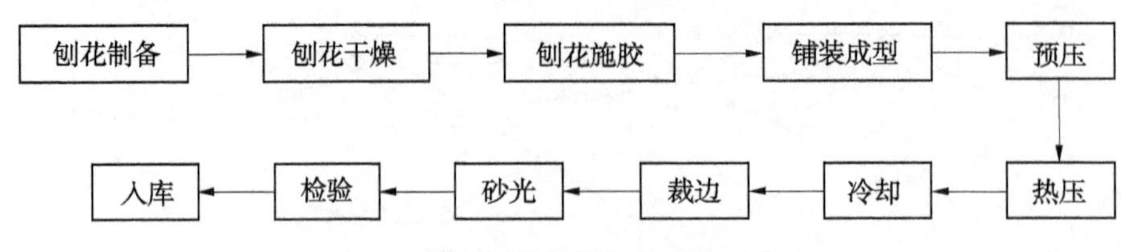

图 2-78 刨花板产品生产工艺示意图

使用的普通型刨花板、高湿状态下使用的家具型刨花板、高湿状态下使用的承载型刨花板、高湿状态下使用的重载型刨花板(见图 2-79)。

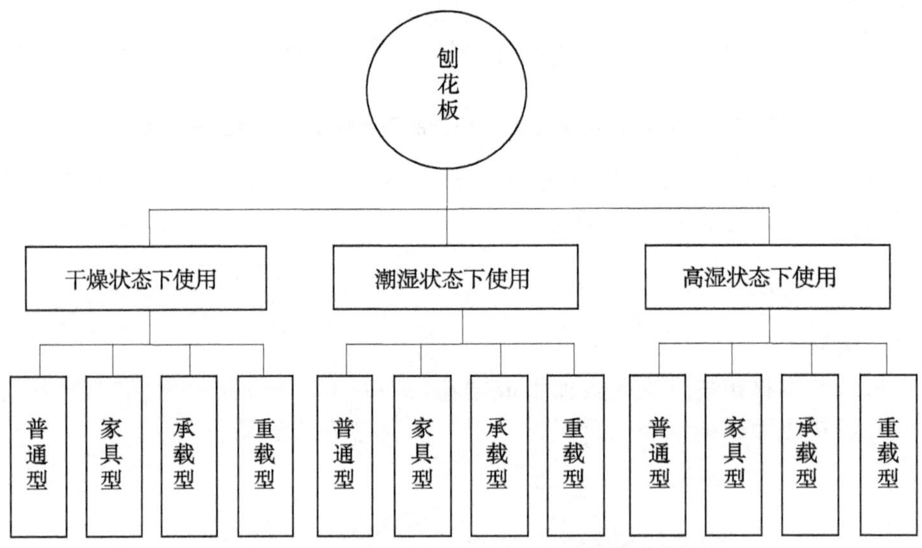

图 2-79 刨花板产品分类示意图

2.11.1.4 产品特点与用途

(1)木材利用率高。

刨花板生产采用的原料大部分是枝丫材、小径材等木材加工剩余物或农业剩余物,生产过程基本实现"零废料"。据有关数据表明,1.2~1.4 m^3 木材剩余物原料可以制备 1 m^3 刨花板,而 1 m^3 刨花板可替代 3 m^3 规格木材使用。可见,刨花板产业能够节约大量大径级的木材资源,对木材资源的利用率很高。

(2)后续加工简单方便,装饰效果好。

刨花板产品幅面尺寸大,表面光洁平整,容重均匀,厚度误差小,可进行各种贴面。经浸渍胶膜纸或装饰单板等贴面二次加工刨花板产品花色品种多、表面性能优良、装饰效果好。

(3)产品性能优良,使用范围广泛。

刨花板内部为交叉错落结构的颗粒状,板材结构均匀,具有良好的横向承重力、尺寸稳定性及抗弯性能。此外,刨花板还具有保温、隔热、隔音、吸音、绝缘等特性;在刨花板生产过程中通过使用改良胶种或加入改性剂,亦可赋予其防潮、抗霉、抗白蚁、阻燃等特性。

刨花板优良的性能使其在家具制造、装饰装修、地板、建筑、包装、船舶等领域有广泛应用。

2.11.2　产量概况

2.11.2.1　全国总产量

2005~2015 年,我国刨花板产量总体呈现上升趋势(见图 2-80)。2011 年刨花板产量最高,达到 2 559.39 万 m^3,约为 2005 年产量的 4.44 倍。2011 年后,刨花板产量有所回落。2015 年刨花板产量为 2 030.19 万 m^3,同比下降 2.7%。

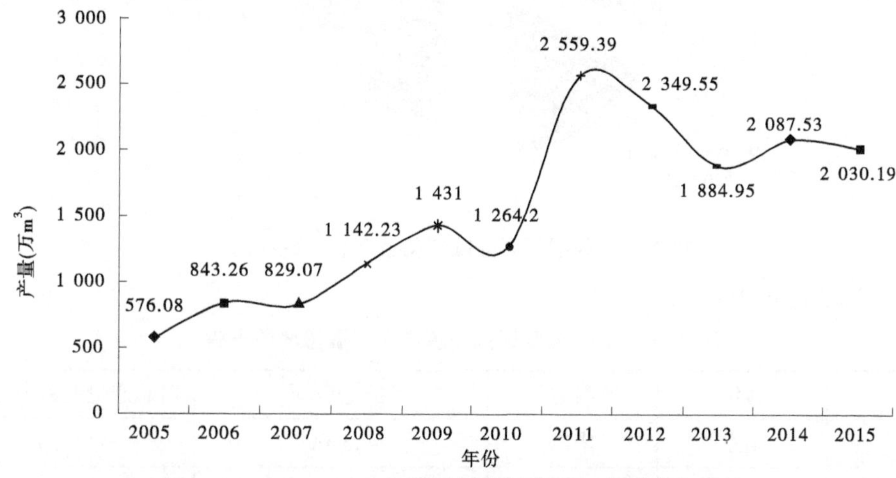

图 2-80　2005~2015 年我国刨花板产品年产量变化趋势

根据中国刨花板产业研究报告(2016)统计数据,截至 2016 年底,我国刨花板现有生产线 256 条,产能为 1 787.5 万 m^3。2017 年在建 55 条,产能达 1 004 万 m^3。

2.11.2.2　各地区产量

我国刨花板产业主要集中在华东、华南、华北、华中和东北地区。2015 年,华东、华南、华北、华中和东北地区的刨花板产量分别占全国刨花板总产量的 46%、17%、15%、10%和 9%(见图 2-81)。

华东地区是我国刨花板产量最大的地区,山东、江苏、福建和安徽为主要产区(见表 2-60)。其中,山东是刨花板生产大省,2015 年刨花板产量 403.09 万 m^3,位居全国第一,且根据往年统计数据,山东已连续 5 年位居全国第一。

华南地区的刨花板行业主要集中于广西和广东两省(区)。2015 年广西刨花板产量 193.59 万 m^3,广东刨花板产量 138.29 万 m^3,分别位列全国第四和第五。

华北地区的刨花板行业主要集中于河北省。2015 年,河北刨花板产量 296.22 万 m^3,是全国刨花板产量第二大省。

华中地区刨花板企业主要集中在河南和湖北。2015 年河南省刨花板产量 112.34 万 m^3,湖北刨花板产量 78.44 万 m^3,分别位列全国第八和第九。

东北地区刨花板企业主要集中在辽宁、吉林和黑龙江。2015 年,辽宁刨花板产量 67.96 万 m^3,位列全国第十;吉林刨花板产量 64.62 万 m^3,其中吉林集团刨花板产量 53.08 万 m^3,占比 82.1%;黑龙江刨花板产量 44.76 万 m^3,其中龙江集团刨花板产量

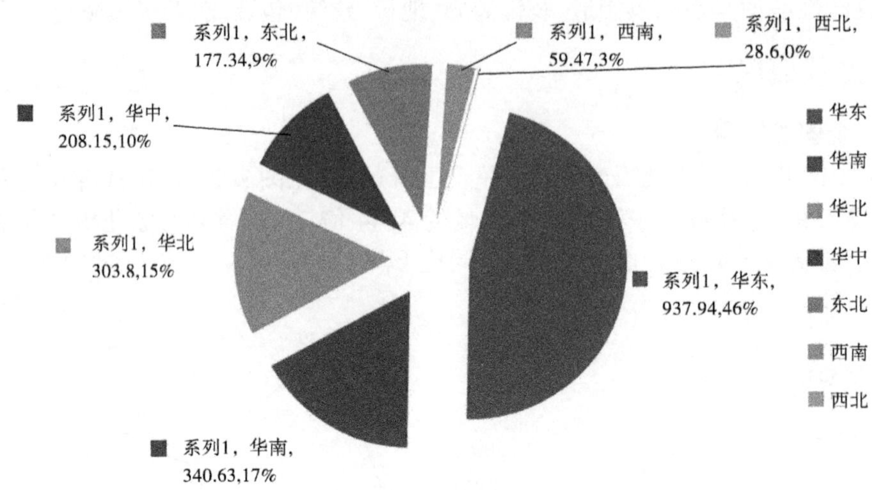

图 2-81　我国不同区域刨花板产品产量占比

53.08 万 m^3，占比 6.4%。

表 2-60　2015 年我国刨花板产品产量排名前十省

序号	省份	所属地区	产量(万/m^3)	占总产量的百分比(%)
1	山东	华东	403.09	19.9
2	河北	华北	296.22	14.6
3	江苏	华东	238.86	11.8
4	广西	华南	193.59	9.5
5	广东	华南	138.29	6.8
6	福建	华东	123.92	6.1
7	安徽	华东	122.54	6.0
8	河南	华中	112.34	5.5
9	湖北	华中	78.44	3.9
10	辽宁	东北	67.96	3.3
总计			1 775.25	87.4

2.11.3　相关标准

目前，已经颁布实施的刨花板及相关标准有 30 项（见表 2-61），其中，国家强制性标准 1 项、国家推荐标准 8 项、行业标准 19 项、其他标准 2 项。

《室内装饰装修材料 人造板及其制品中甲醛释放限量》（GB 18580—2001），是国家质量监督检验检疫总局 2001 年 12 月 10 日发布，并于 2002 年 1 月 1 日正式实施的关于室内装饰装修用人造板的甲醛释放量的强制性标准。该标准对室内用刨花板的甲醛释放量的检验方法和限量值进行了规定，要求采用穿孔萃取法检验刨花板的甲醛释放量，E_1 级刨花板的甲醛释放量应≤9 mg/100 mg，E_2 级刨花板的甲醛释放量应≤30 mg/100 mg，且 E_2 级必须饰面处理并达到饰面人造板甲醛释放量标准后才允许用于室内。该标准的最新版本《室内装饰装修材料 人造板及其制品中甲醛释放限量》（GB 18580—2017）已于 2017 年 4 月 22 日发布，于 2018 年 5 月 1 日开始实施，要求按 1 m^3 气候箱法测定刨花板的甲醛释放量，规定室内装饰装修材料人造板及其制品中甲醛释放限量值为 0. 124 mg/m^3，限量标识 E_1。

表 2-61　我国已颁布并实施的刨花板相关标准

序号	标准编号	标准名称	发布部门	实施日期（年-月-日）
1	GB 18580—2017	室内装饰装修材料 人造板及其制品中甲醛释放限量	国家质量监督检验检疫总局	2018-05-01
2	GB/T 4897—2015	刨花板	国家质量监督检验检疫总局、中国国家标准化管理委员会	2016-02-01
3	LY/T 2563—2015	以定向刨花板为基材的复合地板	国家林业局	2016-01-01
4	LY/T 2389—2014	轻型木结构建筑覆面板用定向刨花板	国家林业局	2014-12-01
5	LY/T 2395—2014	竹材刨花板生产综合能耗	国家林业局	2014-12-01
6	LY/T 2161—2013	通道式刨花干燥系统	国家林业局	2013-07-01
7	GB/T 28996—2012	涂装水泥刨花板	国家质量监督检验检疫总局、中国国家标准化管理委员会	2013-06-01
8	GB/T 50827—2012	刨花板工程设计规范	中华人民共和国住房和城乡建设部	2012-12-01
9	LY/T 1286—2012	刨花干燥机节能监测方法	国家林业局	2012-07-01
10	LY/T 2060—2012	室外用模压刨花制品	国家林业局	2012-07-01
11	LY/T 1530—2011	刨花板生产综合能耗	国家林业局	2011-07-01
12	LY/T 1598—2011	石膏刨花板	国家林业局	2011-07-01
13	LY/T 1979—2011	刨花板生产节材和减排技术规范	国家林业局	2011-07-01
14	LY/T 1580—2010	定向刨花板	国家林业局	2010-06-01
15	GB/T 24312—2009	水泥刨花板	国家质量监督检验检疫总局、中国国家标准化管理委员会	2009-12-01
16	LY/T 1842—2009	竹材刨花板	国家林业局	2009-10-01

续表 2-61

序号	标准编号	标准名称	发布部门	实施日期（年-月-日）
17	LY/T 1856—2009	挤压法空心刨花板	国家林业局	2009-10-01
18	DB22/T 466—2009	在干燥状态下使用的 E_0 级刨花板	吉林省质量技术监督局	2009-07-01
19	LY/T 1804—2008	石膏刨花板生产线验收通则	国家林业局	2008-12-01
20	LY/T 1802—2008	水泥（石膏）刨花板压机通用技术条件	国家林业局	2008-12-01
21	LY/T 1811—2008	定向刨花板生产线验收通则	国家林业局	2008-12-01
22	GB/T 21723—2008	麦（稻）秸秆刨花板	国家质量监督检验检疫总局、中国国家标准化管理委员会	2008-07-15
23	GB/T 15105. 1—2006	模压刨花制品 第 1 部分：室内用	国家质量监督检验检疫总局中国国家标准化管理委员会	2006-09-15
24	LY/T 5119—1998	刨花板工程设计规范	国家林业局	2004-10-23
25	GB/T 18264—2000	刨花板生产线验收通则	国家质量技术监督局	2001-04-01
26	GB/T 5856—1999	热压机通用技术条件	国家质量技术监督局	1999-08-01
27	GA 87—1994	防火刨花板通用技术条件	—	1995-05-01
28	LY/T 1057. 1—1991	船用贴面刨花板定义和分类	国家林业局	1992-03-01
29	LY/T 1057. 2—1991	船用贴面刨花板技术要求	国家林业局	1992-03-01
30	LY/T 1057. 3—1991	船用贴面刨花板检验规则	国家林业局	1992-03-01

《刨花板》（GB/T 4897—2015）对刨花板产品的规格尺寸及其偏差、外观质量、板内密度偏差、含水率、甲醛释放量、静曲强度、弹性模量、内胶合强度、表面胶合强度、2 h 吸水厚度膨胀率、24 h 吸水厚度膨胀率、握螺钉力及防潮性能中的循环试验后内胶合强度、循环试验后吸水厚度膨胀率、沸水煮后内胶合强度、70 ℃水中浸渍处理后静曲强度等性能指标做出了严格规定。其中，对静曲强度、弹性模量、内胶合强度、表面胶合强度、握螺钉力及防潮性能中的循环试验后内胶合强度、沸水煮后内胶合强度、70 ℃水中浸渍处理后静曲强度等 8 项力学性能指标的下规格限做出了规定，对 2 h 吸水厚度膨胀率、24 h 吸水厚度膨胀率和防潮性能中的循环试验后吸水厚度膨胀率等 3 项物理性能指标的上规格限做出了规定。

在产品方面,LY/T 2563—2015、LY/T 2389—2014、GB/T 28996—2012、LY/T 2060—2012、LY/T 1598—2011、LY/T 1580—2010、GB/T 24312—2009、LY/T 1842—2009、LY/T 1856—2009、DB22/T 466—2009、GB/T 21723—2008、GB/T 15105. 1—2006 和 LY/T 1057. 1—1991 等对以定向刨花板为基材的复合地板、轻型木结构建筑覆面板用定向刨花板、涂装水泥刨花板、室外用模压刨花制品、石膏刨花板、定向刨花板、水泥刨花板、竹材刨花板、挤压法空心刨花板、在干燥状态下使用的 E_0 级刨花板、麦(稻)秸秆刨花板、室内用模压刨花制品、防火刨花板和船用贴面刨花板等 14 类刨花板产品进行了相关标准规定。

在生产线设计方面,LY/T 2161—2013、GB/T 50827—2012、LY/T 1804—2008、LY/T 1802—2008、LY/T 1811—2008、LY/T 5119—1998、GB/T 18264—2000 和 GB/T 5856—1999 分别对通道式刨花干燥系统、刨花板工程设计规范、石膏刨花板生产线验收通则、水泥(石膏)刨花板压机通用技术条件、定向刨花板生产线验收通则、刨花板工程设计规范、刨花板生产线验收通则、热压机通用技术条件进行了相关规定。

在能耗方面,LY/T 2395—2014、LY/T 1286—2012、LY/T 1530—2011 和 LY/T 1979—2011 分别对竹材刨花板生产综合能耗、刨花干燥机节能监测方法、刨花板生产综合能耗和刨花板生产节材和减排技术规范进行了相关规定。

2. 11. 4 质量分析

2. 11. 4. 1 总体产品抽查(监测)合格率

2010~2016 年,我国先后对刨花板产品质量进行 5 次国家监督抽查、1 次联动抽查和 1 次行业监测,刨花板产品抽查(监测)合格率总体呈现上升趋势(见图 2-82)。2014 年产品抽查(监测)合格率最高达 94. 2%,较 2010 年提高了 33. 8 个百分点。2015 年、2016 年产品抽查(监测)合格率有所下降,分别为 76. 6%和 88. 6%(见表 2-62)。

表 2-62 2010~2016 年我国刨花板产品抽查(监测)合格率

抽查(监测)时间	抽查(监测)形式	抽查(监测)企业数量(家)	产品抽查(监测)合格率(%)
2010 年	国家监督抽查	91	60. 4
2011 年	国家监督抽查	103	72. 0
2012 年	国家监督抽查	147	81. 6
2013 年	国家监督抽查	125	79. 2
2014 年	联动抽查	121	94. 2
2015 年	行业监测	64	76. 6
2016 年	国家监督抽查	70	88. 6

2. 11. 4. 2 各地区产品抽查(监测)合格率

2010~2016 年我国各地区刨花板产品抽查(监测)合格率如表 2-63 所示。

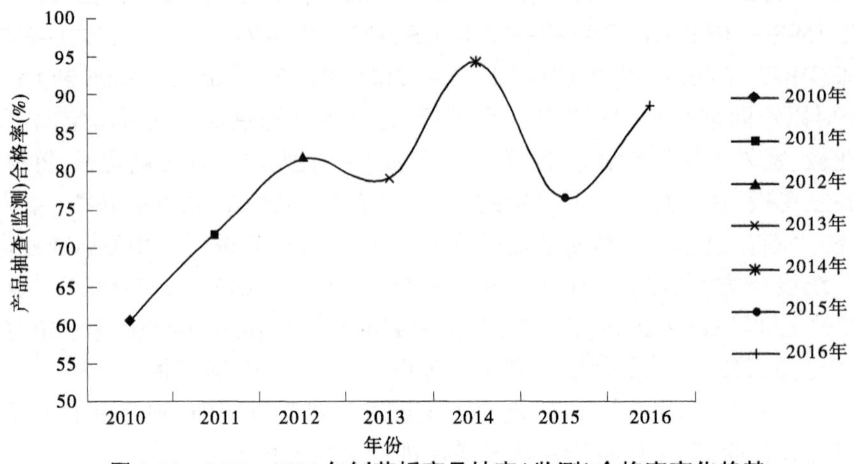

图 2-82　2010~2016 年刨花板产品抽查(监测)合格率变化趋势

表 2-63　2010~2016 年我国各地区刨花板产品抽查(监测)合格率　　(%)

抽查(监测)地区		2010 年	2011 年	2012 年	2013 年	2014 年	2015 年	2016 年
华东	江苏	33.3	73.3	93.3	44.4	90	60.0	50
	浙江	—	—	16.7	100	—	—	—
	安徽	71.4	100	75	100	100	—	—
	福建	71.4	90	83.3	100	92.9	100	100
	江西	100	—	80	100	—	—	100
	山东	100	75	75	66.7	—	100	—
华北	天津	100	—	100	100	—	—	—
	河北	20	84.2	90	92.9	90	53.3	71.4
	内蒙古	—	100	—	—	100	—	—
华南	广东	52	51.9	79.5	79.4	95	—	100
	广西	—	80	100	80	100	90.0	100
华中	河南	87.5	50	100	100	88.9	60.0	87.5
	湖北	66.7	60	66.7	100	—	100	—
	湖南	0	60	80	75	—	—	—
东北	辽宁	0	50	100	16.7	90	100	0
	吉林	—	—	—	—	100	100	—
	黑龙江	—	57.1	—	—	100	—	—
西南	四川	57.1	90	80	66.7	100	—	100

2.11.4.3　不同规模企业产品抽查(监测)合格率

根据刨花板产品行业的实际情况,企业生产规模以刨花板产品年产值为标准划分为大、中、小型企业(见表 2-64)。

表 2-64　企业刨花板产品生产规模划分

企业刨花板产品生产规模	大型企业	中型企业	小型企业
产值(万元)	≥12 500	≥5 000 且<12 500	<5 000

2011~2016 年我国大、中、小型刨花板生产企业的产品抽查(监测)合格率及变化趋势见表 2-65 和图 2-83。

表 2-65　2011~2016 年我国大、中、小型刨花板生产企业的产品抽查(监测)合格率　(%)

企业规模	2010 年	2011 年	2012 年	2013 年	2014 年	2015 年	2016 年
大型	100(3)	100(5)	100(5)	100(10)	100(8)	86.7(15)	87.5(8)
中型	83.3(6)	71.4(14)	91.7(12)	84.6(13)	100(12)	84.6(13)	100(6)
小型	57.3(82)	71.0(124)	80.0(130)	76.5(102)	93.1(101)	69.4(36)	87.5(56)
合计	60.4(91)	72.0(143)	81.6(147)	79.2(125)	94.2(121)	76.6(64)	88.6(70)

注:“()”内数字为抽查企业数。

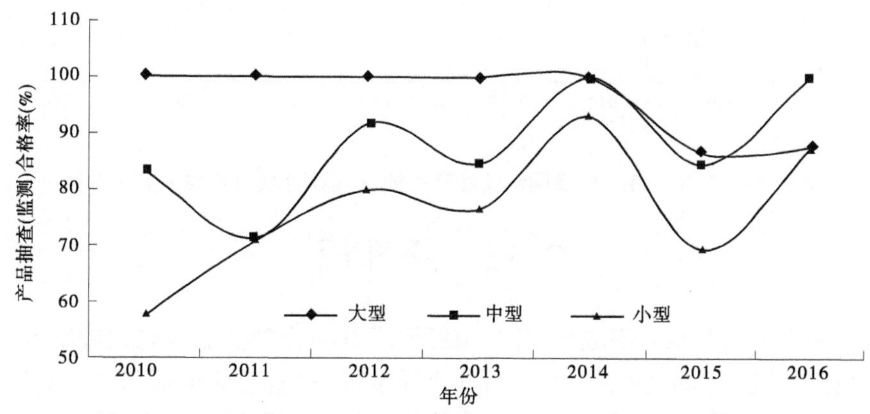

图 2-83　2010~2016 年我国不同企业规模刨花板产品抽查(监测)合格率变化趋势

2.11.4.4　不同检验项目合格率

刨花板产品的吸水厚度膨胀率、静曲强度、内结(胶)合强、表面结合强度和甲醛释放量等 5 项指标为近年质量监测工作的主要检验项目。2010~2016 年我国刨花板产品抽查(监测)项目合格率及变化趋势见表 2-66 和图 2-84。可以看出,近年刨花板产品的主要不合格项目为吸水厚度膨胀率,静曲强度、内结/胶合强度、表面结合强度等力学强度指标的产品抽查(监测)合格率总体较高。甲醛释放量抽查(监测)合格率呈现逐年上升的态势,2011 年为 96.5%,较 2010 年提高 7.5 个百分点,2016 年达到 100%。

表 2-66 2010~2016 年我国刨花板产品抽查(监测)项目合格率 (%)

检验项目	2010 年	2011 年	2012 年	2013 年	2014 年	2015 年	2016 年
吸水厚度膨胀率	72.5	76.9	85.7	84.0	95.0	87.5	82.6
静曲强度	90.1	93.7	95.9	96.0	99.2	98.4	94.3
内结(胶)合强度	93.4	98.6	96.6	92.8	100	95.3	97.1
表面结合强度	—	96.5	95.2	98.4	100	87.5	100
甲醛释放量	89.0	96.5	96.6	98.4	97.5	98.4	100

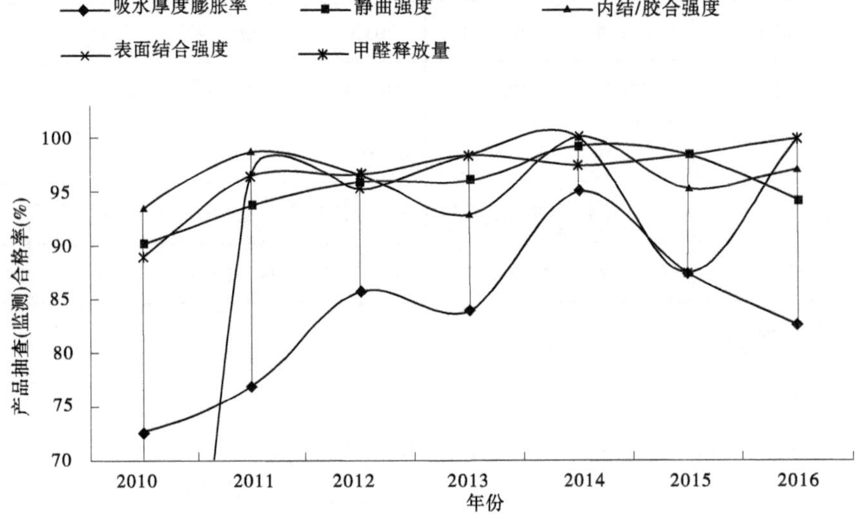

图 2-84 2010~2016 年我国刨花板产品抽查(监测)项目合格率变化趋势

2.12 纤维板

纤维板是由植物纤维交织成型,并利用纤维固有的胶黏性能或辅以胶黏剂等制成的人造板。按照密度大小纤维板分为三类:软质纤维板、中密度纤维板和硬质纤维板;按照生产方法分为湿法、干法和半干法三类。我国纤维板生产和技术得到发展是在中华人民共和国成立后,1958 年开始了系统的开发研究,以湿法纤维板为主。20 世纪 70 年代末至 80 年代初、20 世纪 80 年代末期,干法纤维板生产逐渐进入工业化阶段;随着纤维板的用途扩大、市场前景广阔,很快进入了高速发展阶段。从 2003 年起,我国已经是世界纤维板第一生产大国和消费大国。据《中国林业统计年鉴》统计,2015 年,全国生产纤维板产量 6 619 万 m^3,比 2014 年增长约 2.4%,占全部人造板生产量的 23%,其中中密度纤维板产量 5 769 万 m^3,约占纤维板总产量的 87.2%。中密度纤维板作为纤维板分类中的主要板种,国家质量监督检验检疫总局和国家林业局为规范产品生产、保证产品质量,2010 年以来,共开展了 9 次中密度纤维板产品质量国家监督抽查和行业监测工作。2010~2015 年,中密度纤维板产品合格率呈现明显上升的趋势,产品合格率从 2010 年的 81.5%上升到

2015 年的 94.3%，但 2016 年中密度纤维板产品合格率有所回落，约为 93%。

2.12.1　基本情况

2.12.1.1　定义

中密度纤维板是以木质纤维或其他植物纤维为原料，经纤维制备，施加合成树脂，在加热加压条件下，压制成厚度不小于 1.5 mm，名义密度范围在 0.65~0.80 g/cm^3 的板材（见图 2-85）。

图 2-85　中密度纤维板产品

2.12.1.2　生产工艺

中密度纤维板的生产过程由备料、纤维制备、板坯成型、板材后期处理等工段组成（见图 2-86）。

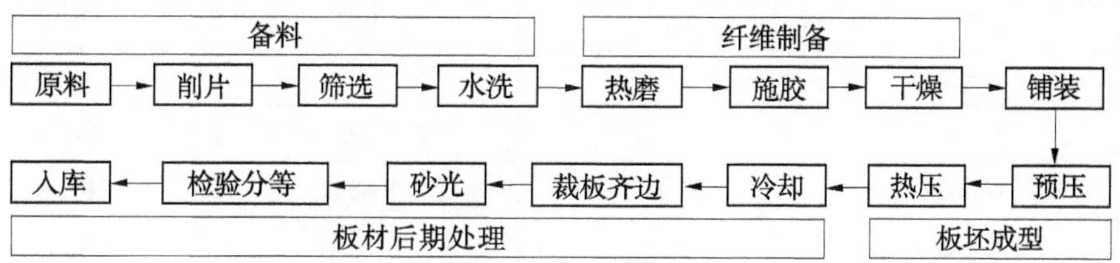

图 2-86　中密度纤维板产品生产工艺流程

2.12.1.3　产品分类

根据推荐性产品标准（GB/T 11718—2009），将中密度纤维板按照用途分为普通型（MDF-GP）、家具型（MDF-FN）和承重型（MDF-LB）三类，每类又可按照适用状态分为四类，分别为干燥状态、潮湿状态、高湿度状态和室外状态，共计 12 类产品。此外，还附加分类为阻燃、防虫害、抗真菌等。

2.12.1.4　产品特点与用途

中密度纤维板的主要性能特点如下：①内部结构均匀，密度适中，尺寸稳定性好，变形小；②物理力学性能较好；③表面平整光滑，便于二次加工，可粘贴旋切单板、刨切薄木、油漆纸、浸渍纸，也可直接进行油漆和印刷装饰；④中密度纤维板可根据使用要求加工尺寸，板厚可在 2.5~35 mm 范围内变化，可根据不同用途组织生产；⑤机械加工性能好，锯截、钻孔、开榫、铣槽、砂光等加工性能一般优于木材；⑥易雕刻及镂铣成各种家具零部件，且可不封边直接进行油漆等处理;⑦可在中密度纤维板生产过程中加入防水剂、阻燃剂、防腐剂等化学药剂,制造特种用途的中密度纤维板。

由于中密度纤维板具有良好的物理力学性能和加工性能,目前被广泛用于家具制作、地板生产、复合门生产、室内装饰与装修、产品包装及音响设备外壳、车船内装饰等多个领域。

2.12.2　产量概况

2.12.2.1　全国总产量

如表 2-67 和图 2-87 所示,自 2005 年起,我国纤维板产品产量逐年上升,2015 年纤维板产量为 6 619 万 m^3,比 2014 年提高了 2.4%,约为 2005 年产量的 2.04 倍,其中中密度纤维板 5 769 万 m^3。

表 2-67　2005~2015 年我国纤维板产品年产量变化趋势及中密度纤维板产量占比情况

年份	纤维板产量（万 m^3）	纤维板产量年增长率(%)	中密度纤维板产量(万 m^3)	中密度纤维板占纤维板产量比例(%)
2005	2 061	—	1 854	90.0
2006	2 467	19.7	2 222	90.1
2007	2 729	10.6	2 499	91.6
2008	2 907	6.5	2 741	94.3
2009	3 489	20.0	3 132	89.8
2010	4 355	24.8	3 894	89.4
2011	5 562	27.7	4 973	89.4
2012	5 800	4.3	5 022	86.6
2013	6 402	10.4	5 395	84.3
2014	6 463	1.0	5 683	87.9
2015	6 619	2.4	5 769	87.2

过去 10 年,中国纤维板生产量年均增速达到 12.7%。2011 年,我国纤维板年增长率到达波峰 27.7%,年产量为 5 562.12 万 m^3。但从 2012 年起,我国纤维板产量告别高增长时代,2012 年增长率下降到 4.3%,如图 2-87 所示。

2.12.2.2　各地区产量

目前,我国纤维板产业主要集中在华东、华南地区。华东地区产量占全国总产量的 43.2%,稳居中国纤维板主要生产区域,同比增加 3.2%;华南地区仍是中国纤维板生产第二大产区,产量占全国总产量的 21.1%,基本保持稳定;华中地区超越西南地区成为中国纤维板生产第三大产区,产量占全国总产量的 10.8%;西南地区、华北地区、东北地区和西北地区纤维板产量占全国总产量的比例分别为 10.1%、7.9%、5.3% 和 1.5%,见图 2-88。

2015 年,我国中密度纤维板产量排前十的省份有山东、广西、江苏、广东、河北、四川、

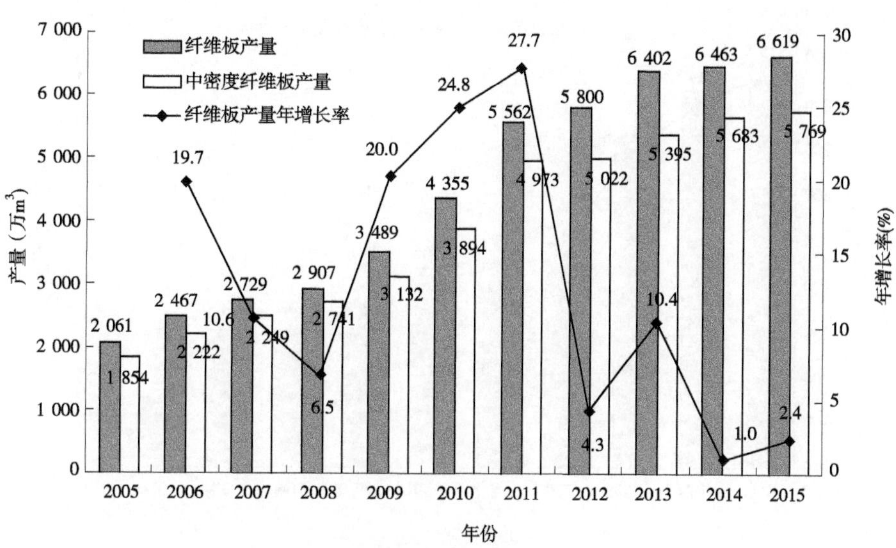

图 2-87　2005～2015 年我国纤维板产品年产量变化趋势

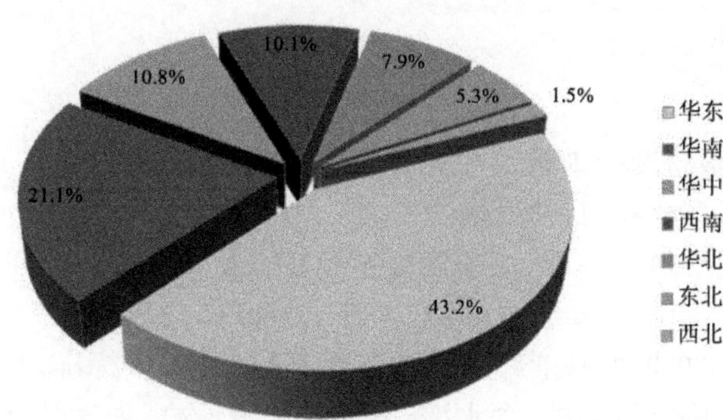

图 2-88　我国不同区域纤维板产品产量占比

湖北、河南、安徽和云南等，见表 2-68 和图 2-89。

表 2-68　2015 年我国中密度纤维板产品产量排名前十地区

序号	省份	所属地区	产量(万 m³)	占总产量的百分比(%)
1	山东	华东	894.92	15.5
2	广西	华南	826.42	14.3
3	江苏	华东	713.15	12.4
4	广东	华南	492.48	8.5
5	河北	华北	447.62	7.8
6	四川	西南	437.20	7.6
7	湖北	华中	304.19	5.3
8	河南	华中	303.33	5.3
9	安徽	华东	300.10	5.2
10	云南	西南	140.45	2.4
总计			4 859.86	84.2

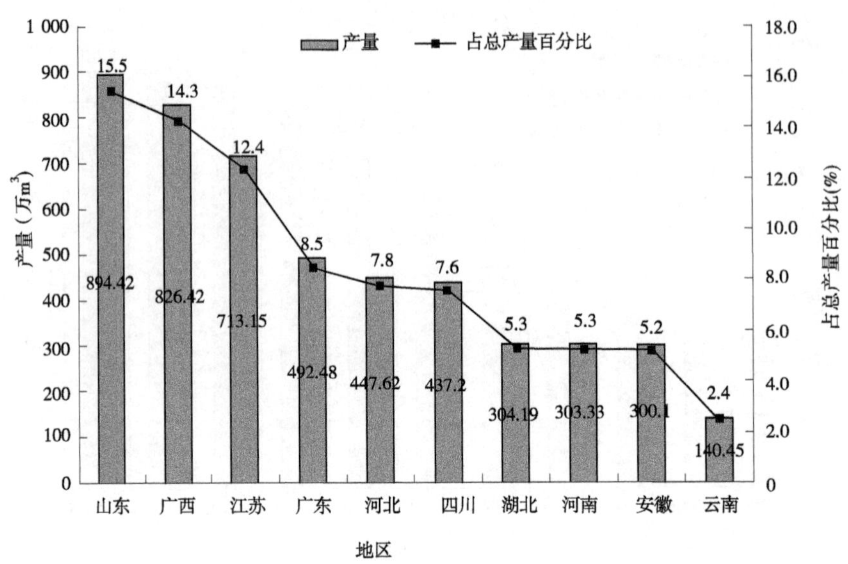

图 2-89　2015 年我国中密度纤维板产品产量排名前十地区及占比情况

2.12.3　相关标准

2.12.3.1　标准情况

目前,已经颁布实施的纤维板及相关标准有 22 项(见表 2-69),其中,国家强制性标准 11 项、国家推荐标准 4 项、行业标准 7 项。

中密度纤维板主要执行标准《中密度纤维板》(GB/T 11718—2009)和《室内装饰装修材料 人造板及其制品中甲醛释放量限量》(GB 18580—2017)。

GB/T 11718—2009 是中密度纤维板推荐性产品标准,该标准对各类产品外观质量、幅面尺寸、尺寸偏差、密度及偏差、含水率、甲醛释放量、物理力学性能(包括静曲强度、弹性模量、内结合强度、吸收厚度膨胀率、表面结合强度和防潮性能)的检验方法和检验规则等均做了统一、明确的规定。相比旧版的国家推荐性标准 GB/T 11718—1999,GB/T 11718—2009 对产品的质量要求更加严格,尤其提高了薄型中密度纤维板的静曲强度、弹性模量指标的要求,特别是甲醛释放量指标要求有了显著提高,仅规定 1 个级别和 3 种不同检测方法(萃取法要求小于等于 8 mg/100 g),对提高行业质量整体水平有一定的引领作用。

GB 18580—2001 是强制性国家标准,已发布实施多年,所有进入我国市场的中密度纤维板甲醛释放量都必须达到该标准要求,标准中明确规定:$E_1 \leqslant 9$ mg/100 g,可直接用于室内;$E_2 \leqslant 30$ mg/100 g,必须饰面处理后可允许用于室内。该标准的最新版本《室内装饰装修材料 人造板及其制品中甲醛释放限量》(GB 18580—2017)已于 2017 年 4 月 22 日发布,于 2018 年 5 月 1 日开始实施。

表 2-69　我国已颁布并实施的纤维板相关标准

序号	标准编号	标准名称	发布部门	实施日期（年-月-日）	标准类型
1	GB 18580—2017	室内装饰装修材料 人造板及其制品中甲醛释放限量	国家质量监督检验检疫总局	2002-01-01	基础标准
2	GB/T 11718—2009	中密度纤维板	国家质量监督检验检疫总局	2016-02-01	产品标准
3	GB/T 12626. 2—2009	湿法硬质纤维板 第 1 部分：定义和分类	国家质量监督检验检疫总局	2009-12-01	产品标准
4	GB/T 12626. 2—2009	湿法硬质纤维板 第 2 部分：对所有板型的共同要求	国家林业局	2009-12-01	产品标准
5	GB/T 12626. 3—2009	湿法硬质纤维板 第 3 部分：试件取样及测量	国家质量监督检验检疫总局	2009-12-01	产品标准
6	GB/T 12626. 4—2009	湿法硬质纤维板 第 4 部分：干燥条件下使用的普通用板	国家质量监督检验检疫总局	2015-11-02	产品标准
7	GB/T 12626. 5—2009	湿法硬质纤维板 第 5 部分：潮湿条件下使用的普通用板	国家质量监督检验检疫总局	2015-11-02	产品标准
8	GB/T 12626. 6—2009	湿法硬质纤维板 第 6 部分：高湿条件下使用的普通用板	国家质量监督检验检疫总局	2015-11-02	产品标准
9	GB/T 12626. 7—2009	湿法硬质纤维板 第 7 部分：室外条件下使用的普通用板	国家质量监督检验检疫总局	2015-11-02	产品标准
10	GB/T 12626. 8—2009	湿法硬质纤维板 第 8 部分：干燥条件下使用的承载用板	国家质量监督检验检疫总局	2015-11-02	产品标准
11	GB/T 12626. 9—2009	湿法硬质纤维板 第 9 部分：潮湿条件下使用的承载用板	国家质量监督检验检疫总局	2015-11-02	产品标准
12	GB/T 18958—2013	难燃中密度纤维板	国家质量监督检验检疫总局	2014-06-22	产品标准
13	GB/T 31765—2015	高密度纤维板	国家质量监督检验检疫总局	2015-11-02	产品标准
14	LY/T 1204—2013	浮雕纤维板	国家林业局	2014-01-01	产品标准
15	LY/T 1611—2011	地板基材用纤维板	国家林业局	2011-07-01	产品标准
16	LY/T 1718—2007	轻质纤维板	国家林业局	2007-10-01	产品标准
17	LY/T 1795—2008	椰壳纤维板	国家林业局	2008-12-01	产品标准

续表 2-69

序号	标准编号	标准名称	发布部门	实施日期（年-月-日）	标准类型
18	LY/T 2372—2014	活动地板基材用石膏纤维板	国家林业局	2014-12-01	产品标准
19	LY/T 2386—2014	室内木质门用纤维板	国家林业局	2014-12-01	产品标准
20	GB/T 18002—2011	中密度纤维板生产线验收通则	国家质量监督检验检疫总局	2011-12-01	生产线设计标准
21	GB 50822—2012	中密度纤维板工程设计规范	住房和城乡建设部	2012-12-01	生产线设计标准
22	LY/T 1451—2008	纤维板生产综合能耗	国家林业局	2014-01-01	能耗标准

2.12.3.2 主要质量指标及要求

以干燥状态下使用家具型中密度纤维板为例,《中密度纤维板》(GB/T 11718—2009)中规定其物理力学性能应符合表 2-70 的要求。中密度纤维板尺寸偏差、密度及其偏差和含水率应符合表 2-71 的要求。

表 2-70 干燥状态下使用家具型中密度纤维板的物理力学性能要求

检验项目	单位	公称厚度范围(mm)						
		1.5~3.5	3.5~6	6~9	9~13	13~22	22~34	34
静曲强度	MPa	30.0	28.0	27.0	26.0	24.0	23.0	21.0
弹性模量	MPa	2 800	2 600	2 600	2 500	2 300	1 800	1 800
内结合强度	MPa	0.60	0.60	0.60	0.50	0.45	0.40	0.40
吸水厚度膨胀率	%	45.0	35.0	20.0	15.0	12.0	10.0	8.0
表面结合强度	MPa	0.60	0.60	0.60	0.60	0.90	0.90	0.90

表 2-71 尺寸偏差、密度及其偏差和含水率要求

检验项目		单位	公称厚度范围(mm)	
			≤12	>12
厚度偏差	不砂光板	mm	-0.30~+1.50	-0.50~+1.70
	砂光板	mm	±0.20	±0.30
长度与宽度偏差		mm/m	±2.0	
垂直度		mm/m	<2.0	
密度		g/cm^3	0.65~0.80(允许偏差为±10%)	
板内密度偏差		%	±10.0	
含水率		%	3.0~13.0	

2.12.4　质量分析

2.12.4.1　总体产品合格率

2010 年至今,我国先后对中密度纤维板产品质量进行 4 次国家季度监督抽查,2 次国家联动监督抽查和 3 次行业监测工作,产品合格率情况及变化趋势见表 2-72 和图 2-90。除 2016 年国家季度监督抽查中的中密度纤维板产品抽样合格率较上一年略有回落,2010~2016 年产品合格率整体呈现上升的趋势,其中 2015 年国家联动监督抽查产品抽样合格率最高,为 94.3%,较 2010 年(产品抽样合格率 81.5%)提高了 15.7%。

表 2-72　2010~2016 年中密度纤维板产品合格率情况

序号	抽查(监测)时间	抽查(监测)形式	抽查/监测批次数	产品合格率(%)	主管部门
1	2010 年	国家季度监督抽查	119	81.5	国家质量监督检验检疫总局
2	2011 年	国家季度监督抽查	189	90.5	国家质量监督检验检疫总局
3	2012 年	国家季度监督抽查	150	90.7	国家质量监督检验检疫总局
4	2013 年	行业监测	161	85.6	国家林业局
5	2014 年	国家联动监督抽查	213	93.0	国家质量监督检验检疫总局
6	2014 年	行业监测	206	88.8	国家林业局
7	2015 年	国家联动监督抽查	230	94.3	国家质量监督检验检疫总局
8	2016 年	国家季度监督抽查	160	92.5	国家质量监督检验检疫总局
9	2016 年	行业监测	136	93.4	国家林业局

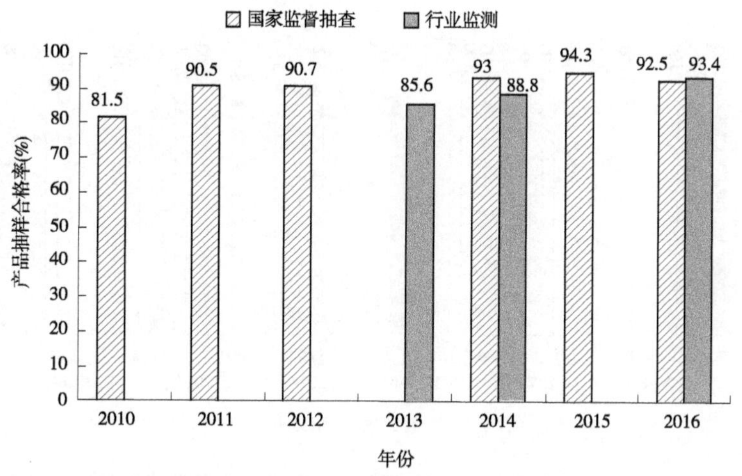

图 2-90　2010~2016 年中密度纤维板产品合格率变化趋势

2.12.4.2　各地区产品合格率(国家监督抽查)

2010~2016 年我国被抽查区域中密度纤维板产品抽样合格率及变化趋势见表 2-73

和图 2-91。

表 2-73　2010~2016 年我国被抽查地区中密度纤维板产品抽样合格率　(%)

抽查地区		2010 年	2011 年	2012 年	2014 年	2015 年	2016 年
华北	河北	75	87.5	100	70	95	100
	内蒙古	—	—	—	100	—	—
东北	辽宁	—	100	—	100	100	—
	吉林	—	100	100	100	100	—
	黑龙江	—	66.7	100	100	50	—
华东	江苏	86.7	75	95.2	86.4	85	87.5
	浙江	66.7	90	88.9	—	87.5	100
	安徽	90.9	92.9	95	100	100	100
	福建	—	—	—	100	90	100
	江西	91.7	100	75	—	90	100
	山东	90.9	91.7	71.4	90	90	96.7
华中	河南	71.4	73.3	50	100	100	80
	湖北	94.1	93.8	100	90	100	100
	湖南	0	100	100	—	100	—
华南	广东	76.9	95.8	100	95	95	90
	广西	—	—	83.3	100	—	—
	海南	—	—	—	100	100	—
西南	四川	83.3	90	80	100	100	60
	云南	—	—	—	100	100	—
西北	陕西	75	100	—	—	—	—
	新疆	—	—	—	80	100	—

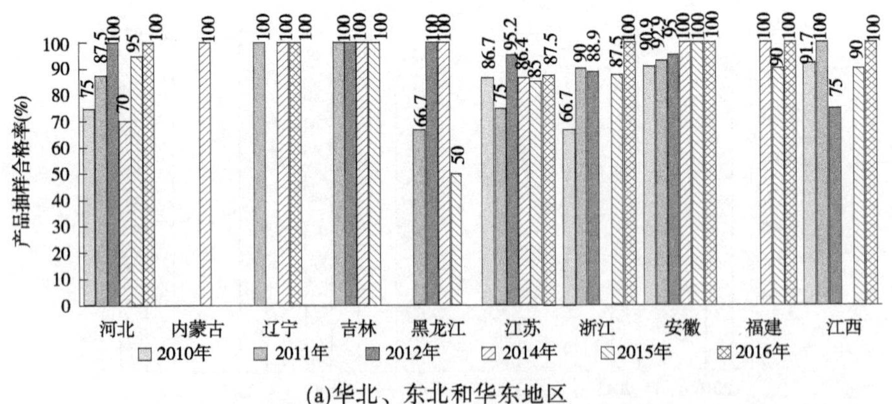

(a)华北、东北和华东地区

图 2-91　2010~2016 年我国被抽查地区中密度纤维板产品抽样合格率变化趋势

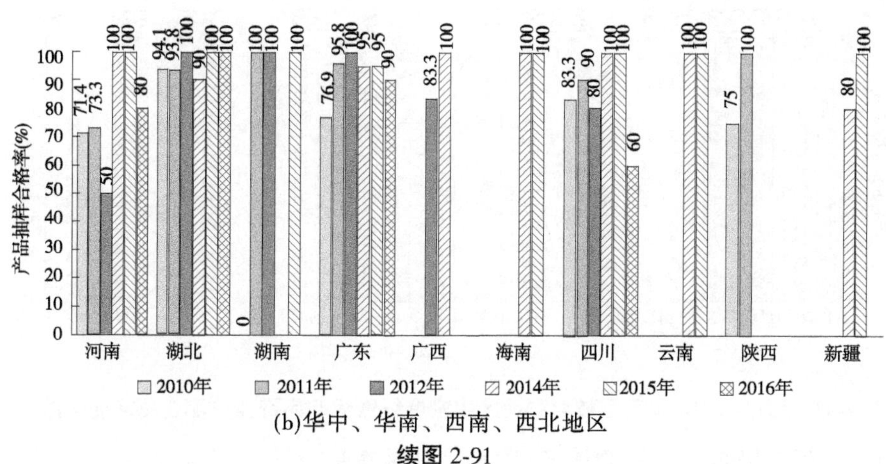

(b)华中、华南、西南、西北地区

续图 2-91

2. 12. 4. 3　各地区产品合格率(行业监测)

2013～2016 年我国被监测区域中密度纤维板产品行业监测合格率及变化趋势见表 2-74 和图 2-92。

表 2-74　2013～2016 年我国被监测地区中密度纤维板产品行业监测合格率　　(%)

监测地区		2013 年	2014 年	2016 年
华北	河北	66. 7	100	100
东北	辽宁	100	100	100
	吉林	100	100	100
	黑龙江	100	100	—
华东	上海	100	—	—
	江苏	80	80	100
	浙江	100	37. 5	100
	福建	75	100	100
	山东	85	80	—
华中	河南	88	88. 9	93. 3
	湖北	100	86. 4	86. 7
	湖南	100	100	100
华南	广东	68. 4	90	—
	广西	66. 7	89. 2	100
西南	四川	100	94. 4	91. 7
	贵州	100	100	100
	云南	—	—	70
西北	陕西	100	100	80

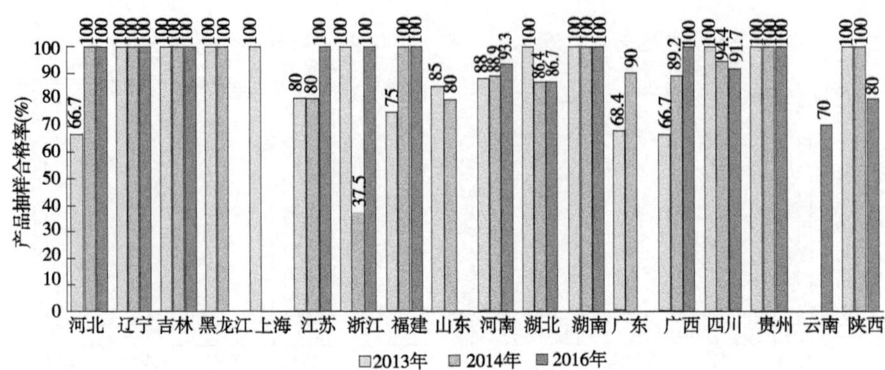

图 2-92　2013~2016 年我国被监测地区中密度纤维板产品行业监测合格率变化趋势

2.12.4.4　不同规模企业产品合格率(国家监督抽查)

根据中密度纤维板产品行业的实际情况,企业生产规模以中密度纤维板产品年销售额为标准划分为大、中、小型企业(见表 2-75)。

表 2-75　企业中密度纤维板产品生产规模划分

企业生产规模	大型企业	中型企业	小型企业
销售额(万元)	≥30 000	≥10 000 且<30 000	<10 000

截至 2015 年,我国共有中密度纤维板生产企业约 400 家,其中大型、中型、小型企业占比分别为 10%、35%、55%。2010~2016 年,我国大、中、小型中密度纤维板生产企业的产品抽样合格率见表 2-76 和图 2-93。

表 2-76　2010~2016 年我国大、中、小型中密度纤维板生产企业的产品抽样合格率　(%)

企业规模	2010 年	2011 年	2012 年	2014 年	2015 年	2016 年
大型	100	100	93.3	100	100	88.9
中型	92	97.8	95.1	98.5	97.3	94.8
小型	75.9	86.7	88.3	89.3	92.2	91.7
平均	81.1	90.5	90.7	93	94.6	92.5

2.12.4.5　不同规模企业产品合格率(行业监测)

我国大、中、小型中密度纤维板企业的产品行业监测合格率见表 2-77 和图 2-94。

表 2-77　不同企业规模中密度纤维板生产企业的产品行业监测合格率　(%)

企业规模	2013 年	2014 年	2016 年
大型	100	95.2	94.4
中型	85.2	90.6	98.4
小型	84.3	84.8	87.7
平均	85.6	88.8	93.4

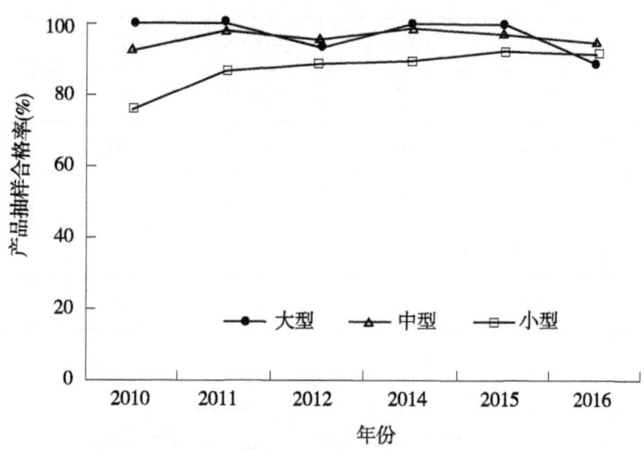

图 2-93　2010~2016 年我国不同企业规模中密度纤维板产品抽样合格率变化趋势

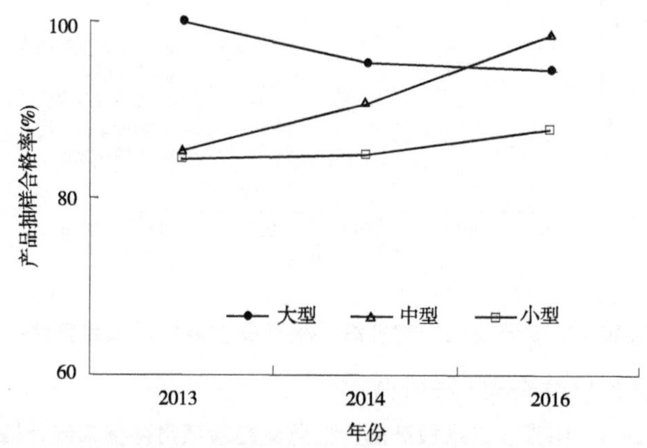

图 2-94　不同规模中密度纤维板企业的产品监测合格率变化趋势

2.12.4.6　不同检验项目符合率(国家监督抽查)

2011~2016 年国家监督抽查中密度纤维板的检验项目有吸水厚度膨胀率、静曲强度、内结合强度、表面结合强度和甲醛释放量等五项,主要不合格项目为吸水厚度膨胀率和甲醛释放量,项目符合率区间分别为[89%,98.7%]和[93.7%,98.3%],2010~2015 年甲醛释放量合格率逐年提高。静曲强度、内结合强度、表面结合强度等力学强度指标符合率总体较高,其中内结合强度和表面结合强度项目符合率均达 95%以上,见表 2-78 和图 2-95。

表 2-78　2010~2016 年我国中密度纤维板产品检验项目符合率　(%)

检验项目	2010 年	2011 年	2012 年	2014 年	2015 年	2016 年
密度	100	—	—			
板内密度偏差	100	—	—			
含水率	100	—	—			
吸水厚度膨胀率	89	97	96.7	97.2	98.7	96.9

续表 2-78

检验项目	2010 年	2011 年	2012 年	2014 年	2015 年	2016 年
静曲强度	94.5	97.5	96.7	97.2	97.4	96.9
内结合强度	98.4	96.5	98.7	98.1	99.1	98.7
表面结合强度	98	98.6	97.9	100	100	96.7
弹性模量	96.1	—	—			
甲醛释放量	93.7	96	96.7	98.1	98.3	97.5

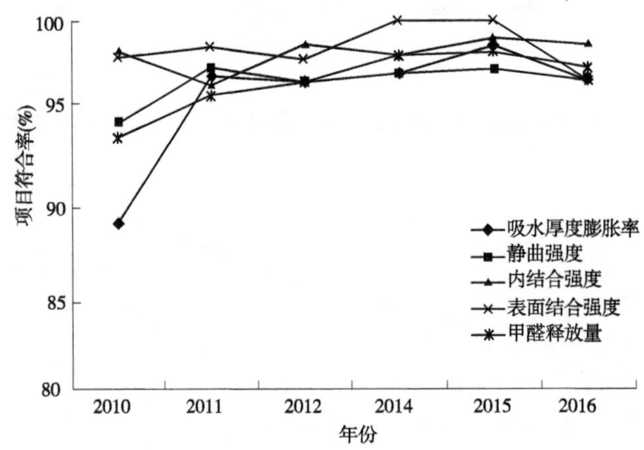

图 2-95　2010~2016 年我国中密度纤维板产品主要检验项目符合率变化趋势

2.12.4.7　不同检验项目符合率(行业监测)

表 2-79　中密度纤维板产品行业监测检验项目合格率统计结果　(%)

检验项目	2013 年	2014 年	2016 年
密度	98.9	99.5	100
板内密度偏差	100	100	100
含水率	100	100	100
吸水厚度膨胀率	96.8	99.5	98.5
静曲强度	94.7	95.1	96.3
内结合强度	96.8	97.6	98.5
弹性模量	96.8	95.6	97.1
甲醛释放量	92.6	95.1	97.8

由表 2-79 和图 2-96 可知,中密度纤维板产品吸水厚度膨胀率指标合格率略有下降,其他检验项目合格率基本稳定,略有提高,但部分企业产品检验项目仍存在不合格现象,如静曲强度、弹性模量、甲醛释放量等项目合格率仍需进一步提高。

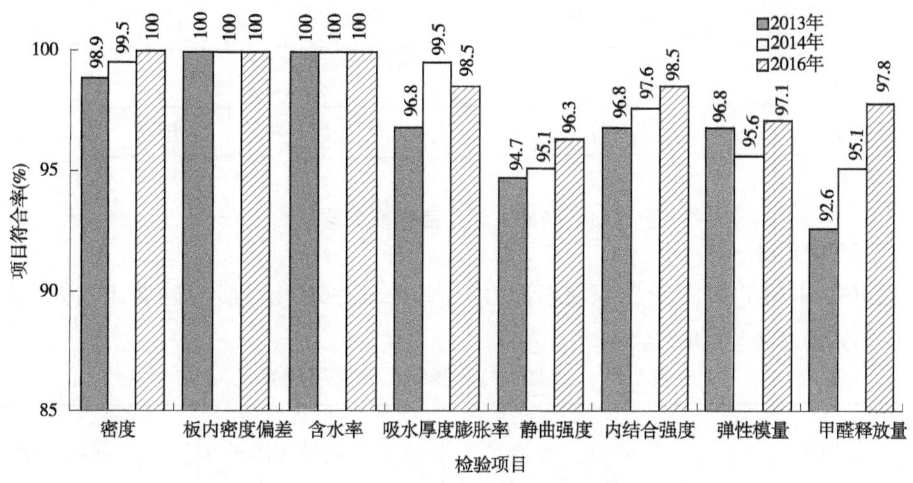

图 2-96　历次行业监测中检验项目合格率比较

2.13　防腐木

改革开放以来,我国木材防腐工业得到了较快发展,工业规模不断扩大,产品种类和产量逐年增加。目前,我国从事木材防腐生产企业已由 2000 年前 30 多家发展到 340 多家,防腐木材年生产能力已超过 600 万 m^3。近两年,每年向社会提供防腐木材超过 200 万 m^3。

2.13.1　基本情况

2.13.1.1　**定义**

木材防腐,即采用各种化学的、物理的或生物的方法处理木材,防止菌、虫、海生钻孔动物等对木材的侵害和破坏,延长木材使用寿命的技术。图 2-97 为防腐木产品。

图 2-97　防腐木产品(左边图片来自网络)

2.13.1.2　**生产工艺**

防腐木材产品以防腐锯材为主,生产工艺流程如图 2-98 所示。

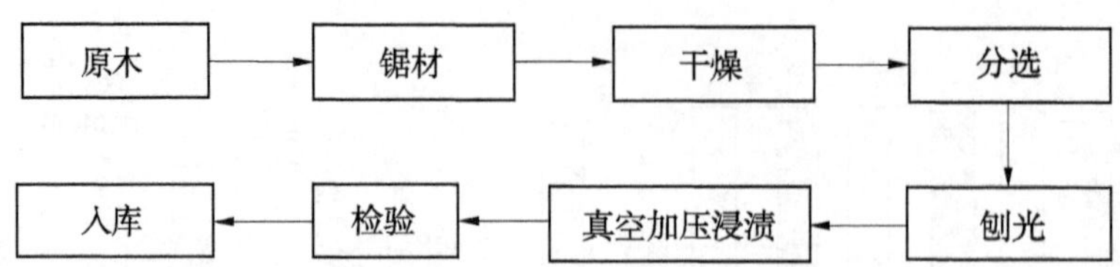

图 2-98 防腐木材产品生产工艺流程

2.13.1.3 产品分类

依据《防腐木材的使用分类和要求》(GB/T 27651—2011)规定,防腐木材及其制品的使用分类具体如表 2-80 所示。

表 2-80 防腐木材及其制品的使用分类

使用分类	使用条件	应用环境	主要生物败坏因子	典型用途
C1	户内	在室内干燥环境中使用,避免气候和水分的影响	蛀虫、干木白蚁	建筑内部及装饰家具
C2	户内	在室内环境中使用,有时受潮湿和水分的影响,但避免气候的影响	蛀虫、霉菌变色菌、白蚁、木腐菌	建筑内部及装饰、家具、地下室、卫生间
C3.1	户外,但不接触土壤,表面有保护	在室外环境中使用,暴露在各种气候中包括淋湿,但有油漆等保护避免直接暴露在雨水中	蛀虫、霉菌变色菌、木腐菌、白蚁	户外家具、(建筑)外门窗
C3.2	户外,但不接触土壤,表面无保护	在室外环境中使用,暴露在各种气候中,包括淋湿,但避免长期浸泡在水中	蛀虫、霉菌变色菌、木腐菌、白蚁	(平台、步道、栈道的)甲板、户外家具(建筑)外门窗
C4.1	户外,且接触土壤或浸在淡水中	在室外环境中使用,暴露在各种气候中,且与地面接触或长浸泡在淡水中	蛀虫、霉菌变色菌、木腐菌、白蚁、软腐菌	围栏支柱、支架、木屋基础、冷却水塔、电杆、矿柱(坑木)
C4.2	户外,且接触土壤或浸在淡水中	在室外环境中使用,暴露在各种气候中,且与地面接触或长时间浸泡在淡水中; 难以更换或关键结构不见	蛀虫、霉菌变色菌、木腐菌、白蚁、软腐菌	(淡水)码头护木、桩木、矿木(坑木)
C5	浸在海水(咸水)中	长期浸泡在海水(咸水)中使用	蛀虫、霉菌变色菌、木腐菌、白蚁、软腐菌、海生钻孔动物	海水(咸水)码头护木、桩木、木质船舶

2.13.1.4　产品特点与用途

防腐木材可用于建筑、园林景观、矿用、铁路枕木、木质冷却塔、农用以及其他与土壤和淡水接触等领域及使用环境。

(1)经济耐用,延长木材使用寿命。防腐木材能够抗拒恶劣的户外环境,能够防止木材被霉菌、腐朽菌、白蚁等生物侵蚀,延长木材使用年限。此外,防腐处理工艺简单,药剂成本合理。

(2)颜色问题。木材会略有发绿的化学药剂颜色,并有颜色不均、色差大、无光泽,随着化学药剂的流失,还容易变灰、变黑。

2.13.2　产量概况

我国木材防腐企业主要分布在长三角、珠三角、环渤海湾地区和西南地区,遍及 20 多个省(区、市),但最为集中的区域是上海、北京、浙江、江苏、广东等。目前,木材防腐行业年产量已由 20 年前的不足 100 万 m^3 增加到 350 万 m^3(2015 年)。但我国木材防腐企业的规模普遍偏小,防腐木材的产品单一,树种大部分为俄罗斯产樟子松,木材防腐剂以 CCA 为主。

2.13.3　相关标准

随着木材防腐技术应用日益广泛,为更好地规范市场管理,木材防腐行业相继建立了有关标准。目前,已经颁布实施的防腐木及相关标准 50 项(见表 2-81),其中,国家强制性标准 2 项、国家推荐标准 23 项、行业标准 24 项、地方标准 1 项。

《防腐木材生产规范》(GB 22280—2008),由中华人民共和国商务部 2008 年 8 月 7 日发布,并于 2009 年 2 月 1 日正式实施,对防腐木材生产的防腐设备机组、木材防腐剂、木材在防腐处理前的准备、防腐处理工艺、质量检验、防腐木材储存、产品标识、包装与质量合格证、环境保护、劳动保护及人员培训等方面进行了规定。《防腐木材工程应用技术规范》(GB 50828—2012),由中华人民共和国住房和城乡建设部、国家质量监督检验检疫总局 2012 年 10 月 11 日发布,并于 2012 年 12 月 1 日正式实施,用于规范和指导防腐木材工程应用,规定防腐剂及材料应根据防腐木材使用环境进行选择,根据设计要求保证防腐木材药剂保持量。此外,并对防腐木工程的选材、设计、施工、检验与验收做出详细规定。

GB/T 22102—2008、GB/T 14019—2009、GB/T 27651—2011、GB/T 27654—2011、LY/T 1925—2010 和 SB/T 10605—2011 针对防腐木材术语、使用分类、产品标识、防腐剂及防腐企业分类及评价指标进行了相关规定。

GB/T 13942.1—2009、GB/T 13942.2—2009、GB/T 27655—2011、LY/T 1283—2011、LY/T 1284—2012、GB/T 18261—2013、GB/T 29896—2013、GB/T 29900—2013、GB/T 29905—2013、GB/T 29902—2013、NY/T 1153.4—2013 和 GB/T 18260—2015 分别对防腐木材天然耐久性实验室测试、野外测试、野外埋地测试及土床测试防腐木材耐腐朽菌、软腐菌、霉菌、变色菌及白蚁侵蚀的效果评价方法进行了相关规定。

在产品质量检测方面，SB/T 10558—2009、GB/T 23229—2009、GB/T 29896—2013、GB/T 29905—2013、GB/T 27652—2011、GB/T 27653—2011、LY/T 1985—2011、LY/T 2374—2014、SB/T 10404—2006、SB/T 10405—2006、SN/T 2145—2008、SN/T 2308—2009、SN/T 3025—2011、SN/T 2406—2009、GB/T 31760—2015 和 GB/T 31761—2015 分别对防腐木及防腐剂取样、流失率、防腐木材主要化学成分分析、透入度及测试方法进行了相关规定。

在防腐剂方面，中华人民共和国商务部在 SB/T 10432—2007、SB/T 10433—2007、SB/T 10434—2007 和 SB/T 10435—2007 中分别对铜氨（胺）季铵盐（ACQ）、铜铬砷（CCA）、铜硼唑-A 型（CBA-A）及铜唑-B 型（CA-B）木材防腐剂的要求、试验、标志、包装、运输和储存等进行了相关规定。此外，国家质量监督检验检疫总局在 GB/T 31763—2015 中对铜铬砷（CCA）防腐木材的处理及使用规范进行了相关规定。

在产品方面，GB/T 31757—2015、GB/T 27656—2011、DB44/T 258—2005、SB/T 10628—2011 和 TB/T 3172—2007 标准中分别对用于户外实木地板、农作物支护、香蕉支撑木、建筑及枕木的防腐木材的定义、分类、要求、检验方法、检验规则及标识、包装、运输和储存等进行了相关规定。

GB/T 29406.1—2012 和 GB/T 29406.2—2012 分别对木材防腐工厂的基本要求、选址、工厂规划和设备的要求等工厂设计规范，以及防腐剂的运输和储存、应急预案、防腐剂泄露的处理、人员安全、操作以及废弃物处置等要求的操作规范进行了相关规定。

关于木材防腐油，冶金工业部在 YB/T 5171—1993、YB/T 5172—1993 和 YB/T 5173—1993 中分别对木材防腐油 40 ℃结晶物、闪点及流动性进行了相关规定。2016 年 7 月 11 日，中华人民共和国工业和信息化部发布《木材防腐油》（YB/T 5168—2016），对防腐油的技术要求、试验方法、检验规则、包装和质量证明书及安全注意事项等进行了相关规定，本标准已于 2017 年 1 月 1 日正式实施。

表 2-81　我国现行防腐木材相关标准

序号	标准编号	标准名称	发布部门	实施日期（年-月-日）
1	GB 22280—2008	防腐木材生产规范	商务部	2009-02-01
2	GB 50828—2012	防腐木材工程应用技术规范	中华人民共和国住房和城乡建设部、国家质量监督检验检疫总局	2012-12-01
3	GB/T 22102—2008	防腐木材	中华人民共和国国家质量监督检验检疫总局、中国国家标准化管理委员会	2008-12-01
4	GB/T 14019—2009	木材防腐术语	国家林业局	2009-08-01
5	GB/T 27651—2011	防腐木材的使用分类和要求	中华人民共和国国家质量监督检验检疫总局、中国国家标准化管理委员会	2012-04-01

续表 2-81

序号	标准编号	标准名称	发布部门	实施日期（年-月-日）
6	GB/T 27654—2011	木材防腐剂	中华人民共和国国家质量监督检验检疫总局、中国国家标准化管理委员会	2012-04-01
7	LY/T 1925—2010	防腐木材产品标识	国家林业局	2010-06-01
8	SB/T 10605—2011	木材防腐企业分类与评价指标	中华人民共和国商务部	2011-11-01
9	GB/T 13942.1—2009	木材耐久性能 第 1 部分：木材天然耐久性实验室试验方法	国家林业局	2009-08-01
10	GB/T 13942.2—2009	木材耐久性能 第 2 部分：木材天然耐久性野外试验方法	中华人民共和国国家质量监督检验检疫总局、中国国家标准化管理委员会	2009-08-01
11	GB/T 27655—2011	木材防腐剂性能评估的野外埋地试验方法	中华人民共和国国家质量监督检验检疫总局、中国国家标准化管理委员会	2012-04-01
12	LY/T 1283—2011	木材防腐剂对腐朽菌毒性试验室试验方法	国家林业局	2011-07-01
13	LY/T 1284—2012	木材防腐剂对软腐菌毒性实验室试验方法	国家林业局	2012-07-01
14	GB/T 18261—2013	防霉剂对木材霉菌及变色菌防治效力的试验方法	中华人民共和国国家质量监督检验检疫总局、中国国家标准化管理委员会	2014-04-11
15	GB/T 29900—2013	木材防腐剂性能评估的野外近地面试验方法	中华人民共和国国家质量监督检验检疫总局、中国国家标准化管理委员会	2014-04-11
16	GB/T 29902—2013	木材防腐剂性能评估的土床试验方法	中华人民共和国国家质量监督检验检疫总局、中国国家标准化管理委员会	2014-04-11
17	NY/T 1153.4—2013	农药登记用白蚁防治剂药效试验方法及评价 第 4 部分：农药木材处理预防白蚁	中华人民共和国农业部	2013-08-01

续表 2-81

序号	标准编号	标准名称	发布部门	实施日期（年-月-日）
18	GB/T 18260—2015	木材防腐剂对白蚁毒效实验室试验方法	中华人民共和国国家质量监督检验检疫总局、中国国家标准化管理委员会	2015-11-02
19	SB/T 10558—2009	防腐木材及木材防腐剂取样方法	中华人民共和国商业部	2010-07-01
20	GB/T 23229—2009	水载型木材防腐剂分析方法	中华人民共和国国家质量监督检验检疫总局、中国国家标准化管理委员会	2009-08-01
21	GB/T 29896—2013	接触土壤防腐木材的防腐剂流失率测定方法	中华人民共和国国家质量监督检验检疫总局、中国国家标准化管理委员会	2014-04-11
22	GB/T 29905—2013	木材防腐剂流失率试验方法	中华人民共和国国家质量监督检验检疫总局、中国国家标准化管理委员会	2014-04-11
23	GB/T 27652—2011	防腐木材化学分析前的预处理方法	中华人民共和国国家质量监督检验检疫总局、中国国家标准化管理委员会	2012-04-01
24	GB/T 27653—2011	防腐木材中季铵盐的分析方法 两相滴定法	中华人民共和国国家质量监督检验检疫总局、中国国家标准化管理委员会	2012-04-01
25	LY/T 1985—2011	防腐木材和人造板中五氯苯酚含量的测定方法	国家林业局	2011-07-01
26	LY/T 2374—2014	防腐木材和阻燃木材中有效药剂透入度测试方法	国家林业局	2014-12-01
27	SB/T 10404—2006	水载型防腐剂和阻燃剂主要成分的测定	中华人民共和国商务部	2006-12-01
28	SB/T 10405—2006	防腐木材化学分析前的湿灰化方法	中华人民共和国商务部	2006-12-01
29	SN/T 2145—2008	木材防腐剂与防腐处理木材及其制品中五聚苯酚的测定 气相色谱法	中华人民共和国国家质量监督检验检疫总局	2009-03-16

续表 2-81

序号	标准编号	标准名称	发布部门	实施日期（年-月-日）
30	SN/T 2308—2009	木材防腐剂与防腐处理后木材及其制品中铜、铬和砷的测定 原子吸收光谱法	中华人民共和国国家质量监督检验检疫总局	2010-01-16
31	SN/T 3025—2011	木材防腐剂杂酚油及杂酚油处理后木材、木制品取样分析方法 杂酚油中苯并[a]芘含量的测定	中华人民共和国国家质量监督检验检疫总局	2012-04-01
32	SN/T 2406—2009	玩具中木材防腐剂的测定	中华人民共和国国家质量监督检验检疫总局	2010-03-16
33	GB/T 31760—2015	铜铬砷（CCA）防腐剂加压处理木材	中华人民共和国国家质量监督检验检疫总局、中国国家标准化管理委员会	2015-11-02
34	GB/T 31761—2015	铜氨（胺）季铵盐（ACQ）防腐剂加压处理木材	中华人民共和国国家质量监督检验检疫总局、中国国家标准化管理委员会	2015-11-02
35	SB/T 10432—2007	木材防腐剂 铜氨（胺）季铵盐（ACQ）	中华人民共和国商务部	2007-12-01
36	SB/T 10433—2007	木材防腐剂 铜铬砷（CCA）	中华人民共和国商务部	2007-12-01
37	SB/T 10434—2007	木材防腐剂 铜硼唑-A 型（CBA-A）	中华人民共和国商务部	2007-12-01
38	SB/T 10435—2007	木材防腐剂 铜唑-B 型（CA-B）	中华人民共和国商务部	2007-12-01
39	GB/T 31763—2015	铜铬砷（CCA）防腐木材的处理及使用规范	中华人民共和国国家质量监督检验检疫总局、中国国家标准化管理委员会	2015-11-02
40	GB/T 31757—2015	户外用防腐实木地板	中华人民共和国国家质量监督检验检疫总局、中国国家标准化管理委员会	2015-11-02
41	GB/T 27656—2011	农作物支护用防腐小径木	中华人民共和国国家质量监督检验检疫总局、中国国家标准化管理委员会	2012-04-01
42	DB44/T 258—2005	香蕉防腐支撑木	广东省质量技术监督局	2005-09-08
43	SB/T 10628—2011	建筑用加压处理防腐木材	中华人民共和国商务部	2011-12-01
44	TB/T 3172—2007	防腐木枕	中华人民共和国铁道部	2007-08-20

续表 2-81

序号	标准编号	标准名称	发布部门	实施日期（年-月-日）
45	GB/T 29406.1—2012	木材防腐工厂安全规范 第1部分：工厂设计	中华人民共和国国家质量监督检验检疫总局、中国国家标准化管理委员会	2013-07-01
46	GB/T 29406.2—2012	木材防腐工厂安全规范 第2部分：操作	中华人民共和国国家质量监督检验检疫总局、中国国家标准化管理委员会	2013-07-01
47	YB/T 5171—1993	木材防腐油试验方法 40℃结晶物测定方法	中华人民共和国冶金工业部	1994-01-01
48	YB/T 5172—1993	木材防腐油试验方法 闪点测定方法	中华人民共和国冶金工业部	1994-01-01
49	YB/T 5173—1993	木材防腐油试验方法 流动性测定方法	中华人民共和国冶金工业部	1994-01-01
50	YB/T 5168—2016	木材防腐油	中华人民共和国工业和信息化部	2017-01-01

2.13.4 质量分析

2.13.4.1 总体产品合格率

2015年和2016年，国家林业局先后对木材防腐产品质量进行2次行业监测。2015年对7个省（区、市）的40家企业的43批次防腐木产品进行了监测，总体监测合格率为86.0%。2016年，对6个省（区、市）的21家防腐木企业21批次防腐产品进行监测，总体监测合格率为90.4%（见表2-82）。

表 2-82 2015~2016 年我国防腐木产品行业监测合格率

抽查时间	抽查企业数量	产品合格率（%）
2015年	43批次/40家	86.0
2016年	21批次/21家	90.4

2.13.4.2 各地区产品合格率

2015年监测的企业分布在上海、江苏、福建、广东、广西、重庆和四川7个地区。2016年监测的企业分布在内蒙古、江苏、福建、河南、广东和四川6个地区，监测产品批次及合格率见表2-83、图2-99。

表 2-83　各省份防腐木行业监测合格率

监测地区		2015 年		2016 年	
		监测产品数(批)	监测合格率(%)	监测产品数(批)	监测合格率(%)
华北	内蒙古	—	—	5	80
华东	上海	13	100	—	—
	江苏	1	100	1	100
	福建	5	80	5	80
华中	河南	—	—	1	100
华南	广东	13	100	8	100
	广西	1	100	—	—
西南	重庆市	2	50	—	—
	四川	8	50	1	100
合计		43	—	21	—

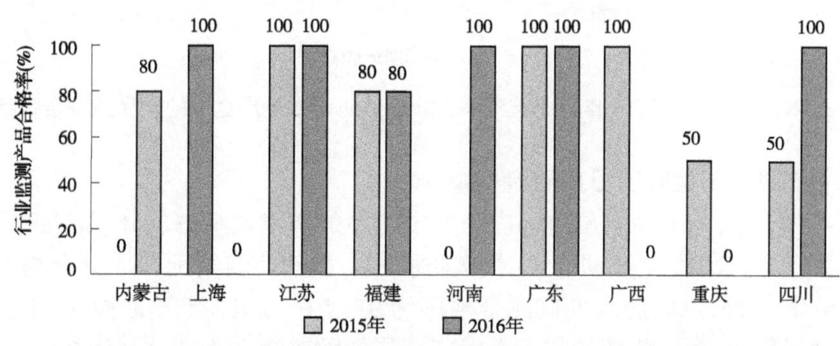

图 2-99　2015~2016 年行业监测不同地区防腐木产品合格率

2.13.4.3　不同规模企业产品监测合格率

根据企业防腐木产品年销售额,将防腐木企业划分为大、中、小型企业(见表 2-84)。

表 2-84　企业防腐木产品生产规模划分

防腐木企业规模	大型企业	中型企业	小型企业
销售额(万元)	≥10 000	≥5 000 且<10 000	<5 000

根据企业规模划分,2015 年抽检监测企业中,大型企业所占比例约 7%,中型企业所占比例约 12%,小型企业所占比例为 81%;2016 年抽检监测企业中,大型企业所占比例约 14%,中型企业所占比例约为 19%,小型企业所占比例约为 67%。其中,两年来被监测的大、中型防腐木企业产品合格率均为 100%,2015 年和 2016 年被监测的小型防腐木企业产品合格率分别为 82.9%和 85.7%(见表 2-85、图 2-100)。

表 2-85　2015~2016 年行业监测大、中、小型防腐木生产企业的产品监测合格率

企业规模	2015 年		2016 年	
	企业数量(家)	产品合格率(%)	企业数量(家)	产品合格率(%)
大型	3	100	3	100
中型	5	100	4	100
小型	35	82.9	14	85.7
合计	43	—	21	—

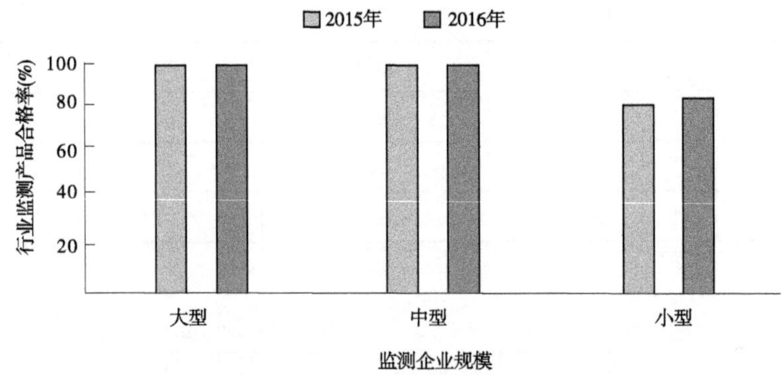

图 2-100　2015~2016 年行业监测大、中、小型防腐木生产企业的产品监测合格率

2.13.4.4　不同监测检验项目监测合格率

2015~2016 年,国家林业局对国内防腐木产品的防腐剂配方成分、载药量和透入度三个指标进行监测。2015 年被抽检 43 批次防腐木产品的防腐剂配方成分合格率为 100%;载药量合格率为 86.0%;透入度监测合格率为 97.7%。2016 年被抽检的 21 批次防腐木产品的防腐剂配方成分、载药量和透入度三个指标的监测合格率分别为 90.5%、90.3%和 90.3%(见表 2-86)。

表 2-86　2015~2016 年行业监测防腐木产品不同监测项目合格率　(%)

监测项目	2015 年	2016 年
防腐剂配方成分	100	90.5
载药量	86.0	90.3
透入度	97.7	90.3

第 3 章　桐木及其制品产品质量及市场分析

3.1　桐木及其制品概述

桐木板及桐木制品是我国重要的出口商品之一，出口金额超过 7 600 万美元，主销日本、东南亚、欧美国家。在国内，桐木作为速生经济林木，栽植面积较广，据调查，我国泡桐资源大约为 5 亿株，其中河南省有 1 亿株左右，约占 1/5，活立木木材蓄积量 5 000 万 m^3 左右，年产泡桐木材 500 多万 m^3。尤其是河南省兰考县和山东省曹县，泡桐是当地主要树种。桐木具有密度小、材质轻，尺寸稳定性好、耐腐等优点，因而很早就得到开发利用。

3.1.1　泡桐主要资源品系

中国在黄河流域主要栽种兰考泡桐、杂交泡桐，如毛白 33、豫林 1 号等速生泡桐，以及少量的毛泡桐、楸叶泡桐。长江流域主要栽种白花泡桐、毛泡桐等桐种，其他种也有种植，但资源量有限。

日本、欧美国家、澳大利亚从 19 世纪中期开始从中国引种泡桐。日本主要栽培种为毛泡桐、楸叶泡桐、兰考泡桐及杂交无性系；澳大利亚泡桐品系较多，有毛泡桐、白花泡桐、兰考泡桐及一些杂交泡桐；欧美国家以毛泡桐居多。

3.1.2　桐木资源情况

泡桐原产中国，在国内的 25 个省（区、市）有自然分布，在黄淮海平原及长江中下游地区人们有栽植泡桐的习惯。

日本大概有泡桐 1 亿株，蓄积量 4 000 万 m^3，年产 100 多万 m^3 桐木。澳大利亚有泡桐近 1 亿株，主要分布在中部和西部，因其大径级材林少，蓄积量只有 1 000 万 m^3 左右，年采伐木材很少。北美洲的美国，南美洲的巴西、巴拉圭、乌拉圭等国家泡桐栽培比较成功，泡桐长势好，成林成材，不但满足本国之需，而且实现对外出口。美国种植的泡桐主要分布在中南部，约有 7 000 万株，蓄积量约 4 000 万 m^3，年产桐木 100 多万 m^3。南美洲泡桐主要分布在巴西、巴拉圭、乌拉圭等国家的平原、浅山丘陵区，种植量在 3 亿株左右，蓄积量约 1 亿 m^3，年产桐木 300 多万 m^3。

3.2　桐木用途

桐木很早就被开发利用，主要应用于板材、建筑材料、文化用品、农具等方面。

3.2.1　板材

3.2.1.1　桐木拼板

桐木拼板是泡桐原木经锯解、变色预防、干燥、目标造材、胶拼、刨光等工序加工而成的天然板材，是生产制造家具、室内装饰的优等天然无污染材料，加之其尺寸稳定性好、耐水、耐腐、着火慢等特性，深受国内外消费者喜爱，其生产 20 世纪 70 年代初起步，70 年代中期得到迅速发展。现在山东菏泽和河南省开封、许昌、郑州等地出现各类桐木加工厂几千家，较大工厂年产量达到 10 万 m^3 左右。全国桐木拼板年产量有 500 万 m^3，一方面国内用作家具、装修等材料，另一方面出口创汇。现在产品已出口到日本、韩国、美国、意大利、法国、英国、澳大利亚等国家。

3.2.1.2　胶合板

原木宜水存，或在旋、刨前水煮，以减少或避免色斑的产生；否则单板需用水浸没，干燥时才不会产生色斑，影响材质。

木材旋、刨容易，材色淡雅，富于花纹，胶粘及油饰性能均好。胶合板（单板厚 1.2~1.4 mm）结果颇佳。刨切贴面单板可薄至 0.25 mm，如果胶合剂的黏度适当，并无透胶污染板面之虞。泡桐贴面复合板或胶合板可大量用于家具，室内装修，各类匣、盒和收音机木壳等。泡桐为我国贴面单板及胶合板的重要用材树种之一。

泡桐适合作胶合板，根据资料，将桐木胶合板的力学强度列于表 3-1。桐木胶合板主要用于出口和国内装饰行业使用。由于胶合板的强度较低，适宜产品是五合板、硬杂木夹心板。

表 3-1　泡桐胶合板物理力学性能

胶合板层数	胶合板厚度（mm）	胶合强度（MPa）	木材破坏率（%）	含水率（%）
3	3.5	2.0~1.14	36	8.7
5	6.0	2.04~1.34	40	10.5

3.2.1.3　刨花板

泡桐速生、质轻，是生产刨花板的优良材料。由于泡桐树冠大，桐木的枝丫、小径材产量很高，几乎与树木干材等量，每年生产 150 万 m^3。桐木拼板生产过程中，每立方米拼板成品就有 1.2~1.5 m^3 的下脚料。仅河南生产拼板的下脚料每年就有 10 万~12 万 m^3。这些加工剩余物是生产刨花板的良好原料。

3.2.1.4　重组木

泡桐木材可跟杨木等木材组合生产重组木或集成材等，或者通过改性制造高密度的板材，用于制造不同密度的板材。国家林业局泡桐研究开发中心常德龙等发明了多项专利，用于生产大尺寸、大幅面家具及装修用相关板材。

3.2.1.5　航空用材

（1）衬垫。滑翔机及农用飞机的机面可以使用木材复合结构，两面用胶板，中心用极轻的木材如泡桐属树种作衬垫。泡桐材细胞壁甚薄，孔隙大，有如天然蜂窝结构。

(2)靶机及模型机。泡桐材很轻,加工制作容易。

3.2.1.6　船舶

泡桐材除锯解制作渡船、货舱外,在近代造船业中,采用复合结构制造玻璃机帆船时,表里两面用玻璃钢,中心可用极轻的材料如轻木、泡桐材。另外,尚可用作救生圈、浮子等。

3.2.1.7　造纸

泡桐木材纤维长度平均值 0.95~1.17 mm,宽度平均值 0.26~0.32 mm,细胞壁厚 3.2~3.8 μm,细胞腔直径 18.8~24.4 μm;粗、细浆得率分别为 50.37%~53.37% 和 50.34%~53.02%;浆纸耐破因子 33~57,撕裂因子 63~80。泡桐木材均可作为各种文化用纸的造纸原料。

中外科研工作者都用泡桐材进行过造纸试验,效果颇佳。广东林科所与广州造纸厂试验,认为泡桐材木浆的白度高,纸的强度亦佳。同时本属树种生长很快,在一定期间内同样面积的土地上比其他树种能获得更多的造纸原料,是我国大有希望的造纸用材树种,宜设置企业用材林造林基地。

Dadswell 等认为,为了经济收益,造纸木材的纤维组织比量不应低于 50%。过去有人总以为泡桐材的轴向薄壁组织比量高,作造纸原料不合算;但实测证明,由于导管比量低,木纤维的比量仍高达 50%以上,粗浆得率亦达 50%以上。

3.2.1.8　翻砂木模、模板及模型

泡桐材很轻软,切削容易,切削面光洁,尤其胀缩性很小,尺寸稳定,不翘裂,适于作工业上的翻砂木模、建筑上的水泥模板,以及各类木模型等。

3.2.1.9　木丝

木丝通常要求轻、软,色浅,弹性好,纹理直,无气味和树脂,具吸收性。泡桐木丝是用作包装缓冲填料,床、椅垫褥,冷却系统绝缘材料,牲畜、家禽垫料和玩具填料等的理想材料。

3.2.1.10　木炭和活性炭

泡桐木炭可制黑色炸药、烟火、炭笔,并用于冶金方面。活性炭具有高的吸收气体、液体乃至微粒的效能,可用作水、食物、药品、空气等的净化剂。

3.2.2　文化用品

3.2.2.1　乐器

泡桐材具有优良的共振性质(高的声辐射品质常数和低的对数缩减量),材色浅而一致,年轮通常均匀,加工容易,刨面光洁,自古以来我国即用作各类弦乐器的音板(日本亦采用),至今仍为泡桐材在国内的主要用途。据说北京市乐器研究所用以试制钢琴音板,音响效果很好。

由于桐木具有良好的声学性能,桐木是制作乐器的极佳材料。20 世纪 90 年代中后期,桐木乐器生产出现在河南兰考,他们利用本地丰富的资源优势,生产出的乐器,大量出口,取得了良好的经济效益,现在仅兰考县就有桐木乐器厂 20 多家,主要产品是琵琶、古筝、扬琴等。产品出口印尼、马来西亚、美国、加拿大、台湾、香港等地。

3.2.2.2　工艺品

利用泡桐材各项优良的物理和加工性质，以及材色淡雅等优点，桐木枝丫材、小径材，经旋切制成坯材，雕刻、制备、打磨、批灰、油漆、绘制成各种产品。主要有茶具、酒具、花瓶、笔筒、碗、碟、礼品盒、佛像、神龛、木鱼、玩具、屏风等，产品销往国内外。

3.2.3　家居生活用品

3.2.3.1　家具

泡桐材的尺寸稳定性好，胀缩性很小，无翘裂、变形等，适于做各种家庭用具、床板等；同时刨光、油漆、胶粘、钉钉性能良好，材色一致（先水泡预防色斑），且具花纹，是做箱、柜、桌、椅等家具的优良材料（日本亦喜使用）。由于制品镶拼严密，不翘裂，少或不漏气，所以群众喜用来制衣柜、衣箱，与其他树种比较至少可以减少空中湿气直接入内的机会。

德国用毛泡桐试制刨花板，其刨片、施胶、加压、板面砂光等操作过程均无困难，试验认为密度 430～510 kg/m^3 的刨花板具有高的强度性质。

3.2.3.2　饮食用具及包装箱

泡桐材除具上述做家具的特性外，还无嗅、无味，不致污染饮食，所以适用于做盛饮食的盆、桶、盒、甑、蒸笼，以及锅盖（还与热绝缘性好有关）、瓢、勺等用具。日本人用桐木制造木碗、食品盒、托盘等很普遍。

同时桐木木材很轻，用作茶叶、食品、水果等包装箱可以减少运费，尤其是空运，用其制蜂箱，不仅便于搬运，因隔热保温性能好，箱内温度的变化也可能较小。

3.2.3.3　绝缘材料

泡桐材对热、电的绝缘性能优良，所以农村中用泡桐材作风箱，熨斗、汤勺等的木柄，火盆架，冰柜、金库、保险柜等的内衬，室内电线板及电表板等。

3.2.3.4　木屐

日本木屐习惯上均选用泡桐树种。因为泡桐材容易加工制作，切削面又光洁，制成后不开裂、不变形；同时泡桐材很轻便，导热系数很小，为已知国产保温隔热的最佳树种，穿用时使人有适足之感。从吸水试验看，泡桐材做木屐还不能说是它吸水性小的缘故。

3.2.4　建筑材料

泡桐材不易着火燃烧。据比较试验结果，一般木材的发火点为 250～270 ℃，但毛泡桐高达 425 ℃，好像是泡桐材经过阻燃剂处理过的一样。所以，农村中又用作吹火筒，同时泡桐材的电、热绝缘性能优良，所以用于住房、仓库等建筑，使人有比较舒适、安全之感。泡桐木材作为室内装饰材料，不但保温隔热，而且防火阻燃，利于火灾逃生，这是泡桐材的又一大优点。

3.2.4.1　室内装饰材

要求木材的尺寸稳定性好，不翘裂、不变形，容易加工制作，泡桐材最符合这些要求，为制窗框的优良材料。同时油漆后光亮性好，作门、墙壁板、隔板、天花板时，尚有装饰价值。

3.2.4.2　屋架

泡桐材的强度弱,但在农村中因就地取材方便,亦可酌量用作民用房屋等轻型建筑的屋架,乃至檩条、柱子、搁栅等。意大利人曾用从中国进口的桐木尝试制造全桐木别墅,据说,其保温、隔热、温暖、触摸感觉好、耐气性能优良,在确定合理尺寸、结构的前提下,其强度完全达到使用要求。

3.2.5　农具

用泡桐材制农具主要也是利用其优良的物理性质。适于制作水车和风车的车厢、打稻桶(四川涪陵)、盆、桶、抬杠(陕南、四川、鄂西)和扁担(广西金秀)(能吸汗,不会磨损皮肤)。

3.3　桐木及其制品市场分析

桐木应用市场主要在中国、日本、欧美、澳大利亚等国家和地区,不同国家对桐木有着不同的认知。了解其消费倾向,有针对性地发展泡桐资源,有利于产业健康可持续发展。

3.3.1　日本市场

日本是泡桐木材加工利用强国,也是引领桐木产品高端消费的国家,研究日本泡桐木材市场发展趋势,对于培育我国泡桐产业具有重要的借鉴意义。

3.3.1.1　桐木用途

日本企业对桐木家具材料选择颇有讲究,对一些泡桐树种情有独钟。日本国内使用桐木制造家具,传统工艺与现代技术融为一体,其质量、生产档次、制造技术等在世界首屈一指,引导国际桐木高端消费市场。据调查了解,日本有独特的桐木文化,日本人将桐木跟幸福、吉祥、婚姻喜庆联想在一起,桐木是幸福、吉祥的象征,这一点跟我国古代有些相同。年轻人结婚时父母都要送给他们一套全新桐木家具进行祝福,美好生活从使用桐木家具开始。桐木尺寸稳定性好,加之日本家具的气密性好,所以桐木家具防潮防湿。日本是地震、台风等自然灾害多发国家,桐木还是安全友好型材料,轻质家具不易造成碰伤。因桐木细胞腔大,相对密闭,保温隔热性能好,冬暖夏凉,质感好,桐木又是非常好的保温、隔热、节能材料,桐木家具及其制品在日本特别受欢迎。从衣柜、餐桌、椅子、卫生间地板,到墙壁装修材料,大多采用桐木材料。

3.3.1.2　对桐木质量要求

日本选择密度大、年轮窄、白度好的桐木,用于制造高端桐木柜类家具,多以日本国内、美国、南美洲等地自然生长的原始毛泡桐作为材料。这些地方的泡桐生长慢、密度高,绝对密度在 0.28 g/cm^3 以上,立丝度美观,材质致密,符合大众心理。日本的桐木家具售价很高,一件高档桐木衣柜标价几十万甚至几百万日元很普遍。笔者见到一件卖 465 万日元的日本桐木家具,他们说这不是最高的,一件好的桐木家具可售价上百万人民币,实在惊人!在日本你会感觉到高品质桐木的价值,在日本一件桐木家具的价值是我国的几倍乃至四五十倍之多。

3.3.1.3　桐木加工工艺

日本是桐木家具制造水平最高的国家,件件都是精品,其制造方法仍保持我国古代传统榫卯结构,基本不用金属钉或胶粘剂,完全是纯天然桐木家具。做工精细,严丝合缝,没有一点粗制滥造的痕迹。木材纹理细腻、平行均匀,俗称立丝度,有似丝绢下垂之势,颇具美感。表面色泽柔和,丝绢乳白色调,给人以清雅别致的格调。日本桐木家具精巧、美观、耐用、纯天然,深得人们喜爱。

3.3.2　中国市场

我国桐木家具的制造历史最为悠久,早在2600年前就有制造桐木家具的记载。只可惜随着时代变迁,辉煌不再,传统桐木加工技艺丢失殆尽。由于消费观念的变化,国内过度追求红木类又重又硬的木材消费,加上泡桐速生、材质软,以至于中国城市高端消费者倾向于将桐木列为劣质低档木材。河南、山东少数龙头企业曾尝试用桐木做家具,但因桐木特色加工工艺与技术水平不高,市场占有率低,部分只在国内城乡使用,少量出口到日本、欧美国家,但是价格一般,附加值不高。中国城市桐木家具市场占有率极低,只有乡镇、农村用桐木做家具,工艺粗糙,不讲究纹理、花纹、色调、白度、立丝度等质地搭配,质量不高,价格低。中国主要是生产桐木拼板,出口到日本、欧美国家用于二次深加工。

3.3.3　欧美市场

因泡桐栽培是农桐间作型,可再生循环,不砍伐破坏天然林,符合欧美人的环保理念,且桐木耐水、耐腐蚀、耐火、轻便,易于加工,近年来,欧美市场不断扩大。意大利人用桐木制造实木家具、棺木的很多,每年从我国进口约3万 m^3。法国、德国、英国也从我国进口桐木,用于制造全桐家具。美国近年来也从我国进口桐木进行纯实木家具制造,同时进口中低档家具,补充其低端市场需求。欧美市场虽接受速生桐,但其消费倾向仍是材质好、密度高的桐木,特别青睐楸叶泡桐、毛泡桐的材质,这一点跟中国、日本一致。欧美市场对桐木年轮宽窄、立丝度、颜色不敏感,只是崇尚木材纹理、色泽自然。欧美桐木家具大多是属于中低档次的,价格便宜,基本与我国持平。

3.3.4　桐木家具市场分析

桐木首位市场消耗需求就是家具制造,年消耗桐木120万 m^3,见表3-2。我国由于过去追求泡桐速生、成熟期短、见效快,造成材质下降、密度降低,只能用于中低档家具及其部件辅助材料的生产,如拼板、指接板、细木工板、刨切薄木贴面板、胶合板等。我国制造的桐木制品及部件除少量在国内市场销售外,大部分出口到日本、美国、意大利、德国等国家。速生桐木材与自然生长的相比,年轮宽、密度低、易变色、发泡、发轻、易碎、易裂,影响了产品质量,加之制造工艺粗糙落后,产品附加值不高。

表 3-2　桐木家具市场消耗

区域	桐木消耗(万 m^3/a)	需求倾向	年产值(亿元)
中国	15	密度大、强度大	15
日本	60	年轮小、白度高	120
欧洲	21	强度大、主干高	21
美国	24	强度大、主干高	24
总计	120		180

3.3.5　桐木装饰材市场分析

桐木除大部分用于制造家具外,另外一个主要用途就是生产制造建筑装饰材,如房屋内外墙板、地板、装饰线条、欧式型材、百叶窗、装饰性人造板(胶合板、细木工板、中密度板等)。泡桐装饰材的数量仅次于家具用材,年消耗木材净料约 20 万 m^3,折合原木材积约 60 万 m^3,除一部分用于国内市场外,85%出口到海外市场,可出口到日本、美国、澳大利亚、东南亚、欧洲等国家与地区。日本是传统桐木装饰材市场,占比 25%,美国占比 25%,澳大利亚占比 15%,东南亚与欧洲各占 8%左右。因泡桐速生,可再生循环利用,资源丰富,价格便宜,且是“四旁”树方式种植,利用速生泡桐意味着减少对天然林的采伐,保护了森林资源,迎合欧美发展理念。国外用泡桐做建筑装饰材发展趋势良好,见图 3-1。

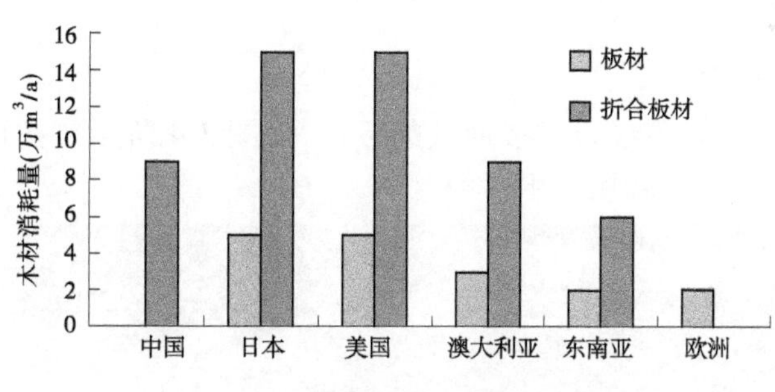

图 3-1　桐木装饰材消耗量

3.4　桐木产品现状及质量要求

3.4.1　桐木板

3.4.1.1　桐木板概况

桐木板指桐木干燥后未经拼接的锯材,如图 3-2 所示。桐木板分家具用桐木板、室内装修用桐木板、乐器用桐木板等。《桐木板》产品标准正在制定中,目前没有其他相关标准,企业在生产销售过程中,多采用合同约定。

图 3-2　桐木板

3.4.1.2　桐木板生产工艺流程

桐木板生产工艺流程如图 3-3 所示。

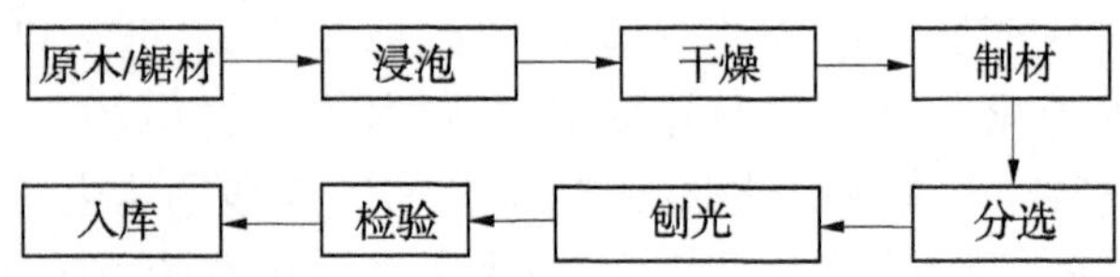

图 3-3　桐木板生产工艺流程

3.4.2　桐木拼板

3.4.2.1　桐木拼板概况

桐木拼板指桐木干燥后经过拼接而成的板材,如图 3-4 所示。按用途来分类,可以分为家具用桐木拼板、室内装修用桐木拼板。

图 3-4　桐木拼板

3.4.2.2　桐木拼板质量及标准

桐木拼板行业标准 LY/T 2983—2018 于 2018 年 2 月发布,2018 年 6 月 1 日实施。其主要质量指标包括外观质量和物理力学性能两个部分。

外观质量分为 5 个等级,分别为 AAA、AA、A、B、C(由高到低排序),见表 3-3。

表 3-3　桐木拼板外观质量分级

<table>
<tr><th rowspan="2">项目名称</th><th rowspan="2">检验项目</th><th colspan="5">桐木拼板等级</th></tr>
<tr><th>AAA</th><th>AA</th><th>A</th><th>B</th><th>C</th></tr>
<tr><td>纹理均匀性</td><td>—</td><td>全部为径切板，年轮线平行，宽度均匀且≤8 mm</td><td>全部为径切板，年轮线平行，宽度均匀，介于 8～12 mm</td><td>50% 以上为径切板，年轮线平行，宽度均匀且>12 mm</td><td>全部或部分 V 形年轮</td><td>不限</td></tr>
<tr><td rowspan="2">活节</td><td>单个最大直径(mm)</td><td colspan="3">不允许</td><td>≤10</td><td>不限</td></tr>
<tr><td>个数(个 m^2)(直径 5 mm 以下不计)</td><td colspan="3">不允许</td><td>≤10</td><td>不限</td></tr>
<tr><td>死节</td><td>—</td><td colspan="4">不允许</td><td>不允许</td></tr>
<tr><td rowspan="2">虫孔</td><td>单个最大直径(mm)</td><td colspan="4" rowspan="2">不允许</td><td>≤4</td></tr>
<tr><td>个数(个 m^2)</td><td>≤5</td></tr>
<tr><td>腐朽</td><td>占板面面积的百分比(%)</td><td colspan="4">不允许</td><td>≤10</td></tr>
<tr><td>变色</td><td>占板面面积的百分比(%)</td><td colspan="4">不允许</td><td>≤20</td></tr>
<tr><td>髓心</td><td>—</td><td colspan="4">不允许</td><td>不限</td></tr>
<tr><td>毛刺沟痕</td><td>—</td><td colspan="5">不允许</td></tr>
<tr><td>拼接缝隙</td><td>—</td><td colspan="5">不允许</td></tr>
</table>

物理力学性能，包括含水率、胶层剪切强度、浸渍剥离性能、甲醛释放量、湿热变色性能、焦糖变色性能、木材白度。具体要求如下：

(1)含水率。桐木拼板的含水率应在 7%～12%。

(2)胶层剪切强度。桐木拼板的胶层剪切强度应≥4.0 MPa，当木材破坏率≥80% 时，指标值允许降低 20%。

(3)浸渍剥离性能。浸渍剥离率以试件两端的平均剥离率表示。同一个试件的两断面剥离率应为 10% 以下，且同一胶层剥离长度之和不得超过该胶层长度的 1/3。

(4)甲醛释放量。甲醛释放量应符合 GB 18580 的规定要求,甲醛释放量小于 0.124 mg/m^3。

(5)其他性能。湿热变色性能、焦糖变色性能、木材白度指标由供需双方协议确定。

3.4.2.3 桐木拼板工艺过程

桐木拼板生产工艺流程如图 3-5 所示。

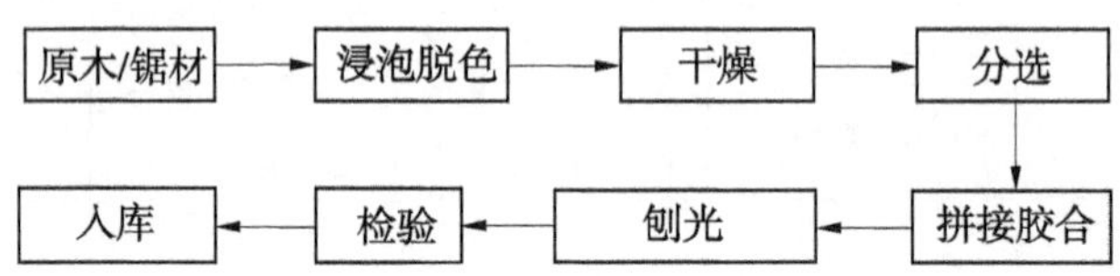

图 3-5 桐木拼板生产工艺流程

3.4.3 桐木制品

3.4.3.1 桐木制品概况

桐木长久以来被用于制造铸模、橱柜、薄板、家具(见图 3-6)和音乐器具等制品。而今它又由于轻质的特点被广泛应用在船舶建造、飞行器制造,以及卡车、火车、娱乐车、公共汽车、货盘、板箱,成品被船运和内陆交通运输,所有方式的运输都能从减轻的重量上得益,从而减低油耗,达到更快的速度、更久的航程、更少的发动机磨损,或者有效载荷上的增加。

图 3-6 桐木家具

在不同的运输需求中,1/2 英寸的轻木被用作胶合板的核心层,然后表面裱上桃花心木或者黑胡桃木。桐木可以被用作核心层,并切成 1/4 英寸的厚度就能有轻木的强度。这样能带来空间的节省和更少材料的消耗。

桐木在对重量和强度都严格要求的一级方程式和二级方程式赛艇比赛中得到成功运用。它被用作白桦和其他木材的轻质替代品。它能构建出一个坚固的船体,能运用在用到轻木的其他场所。不像轻木那样,泡桐不会在浸泡环氧树脂后带来额外的重量。泡桐还能在烘干过程中抗裂、抗变形,能抓住钉子和螺钉而不裂开。

在家具应用中,诸如内框和面板,能做成轻而坚固的产品。对轻质家具的需求仍在增长。装饰成型也能做出复杂的样式。泡桐成为许多雕刻木匠长久的最爱。

泡桐能被用于制作油画外框、窗户、抽屉、雪茄盒、软百叶帘和冲浪板。

泡桐能抵御自然腐烂和害虫,这使它成为柚木和西方铅笔柏的主要替代者。

日本人运用泡桐的历史可以追溯到公元200年。有一项传统就是当一个家庭生了女儿后,他们会种一棵泡桐树。当女孩出嫁时,这棵树会被砍下用来做她的嫁妆箱。他们还相信将树植得离房子近,会招来凤凰并给他们带来好运。

中国在历史上曾经是最大的泡桐种植国。他们将木头用于制造家具、房屋建筑、玩具、夹板、音乐器具以及包装。

泡桐在19世纪中期来到美国。泡桐籽被用来当作运输精美的瓷具的包装材料,然后远渡太平洋。当拆包后,微风将种子带到东部诸州,并移植在那儿。

20世纪70年代,日本没有种植足够多的泡桐以满足他们庞大的需求。他们对泡桐木的外观很欣赏,大多数日本家庭都至少有一件泡桐制成的家具。美国人知道日本人对泡桐的需求后,将野生的泡桐收割后卖出高价。直到今天,日本人仍是老泡桐的最大购买者。

泡桐快速增长的特性使其能在10年长成轻质、坚固的木头。这些树木现在被有体系地培养,生长在供养良好的种植园。这些特殊的种植园在东方成为主流。光中国就种植有12亿棵泡桐。同时在澳大利亚、新西兰、南北美洲也广泛种植了泡桐。

在20世纪90年代,美国的中大西洋区和东南区建立了很多泡桐种植园。现在,这些种植园准备收割这些高质量的轻质木材。能快速增长的泡桐是一种能负担得起的可用来替代那些需求日益增长的自然生长树种。

3.4.3.2 桐木制品质量及标准

桐木制品目前尚未制定相关国家或行业标准,一般技术要求参照《木家具通用技术条件》(GB/T 3324—2017)执行。

3.4.3.3 桐木制品工艺过程

桐木制品工艺过程如图3-7所示。

3.5 桐木及其木制品特点

(1)密度小。泡桐的重量大约只有美国最轻的商业木材的重量的2/3。它的平均重量在14~19磅/立方英尺。泡桐大约只有橡树(44磅/立方英尺)的1/3重、松树(30磅/立方英尺)的1/2重。泡桐的质量密度在0.23~0.3(水密度的23%~30%)。

(2)相对强度大。泡桐木在所有木材中是强度/重量比最高的一种。泡桐木的破裂强度单位值(psi)是5 740。泡桐木能很好地钉住钉子和螺钉,而不需要预先钻定位孔。实验证明,鹅掌楸和五针松会比泡桐木更早裂开。平头螺钉能直接从木材表面拔出。种植园种植的泡桐上最容易长节,这也使得它很坚固。

(3)用途广泛。泡桐木在东方1 000多年前就已被用于制造精美的家具、音乐器具、雕刻品和装饰品。它能被削成1/16英尺厚的薄板,甚至能切成1/32英尺厚。可以用普通手工锯子将其毫不费力地削成复杂的样式。泡桐木是美国很多雕刻匠的最爱。所有的表面装饰材料都能用上,并用胶水良好地黏结。

(4)稳定性高。木板可以在高温下在干燥炉中干燥至少24 h,面对10%~12%的湿量不发生变形。报告显示,从原木到烘干后,径向收缩只有2.2%,切向4.0%。泡桐木在湿

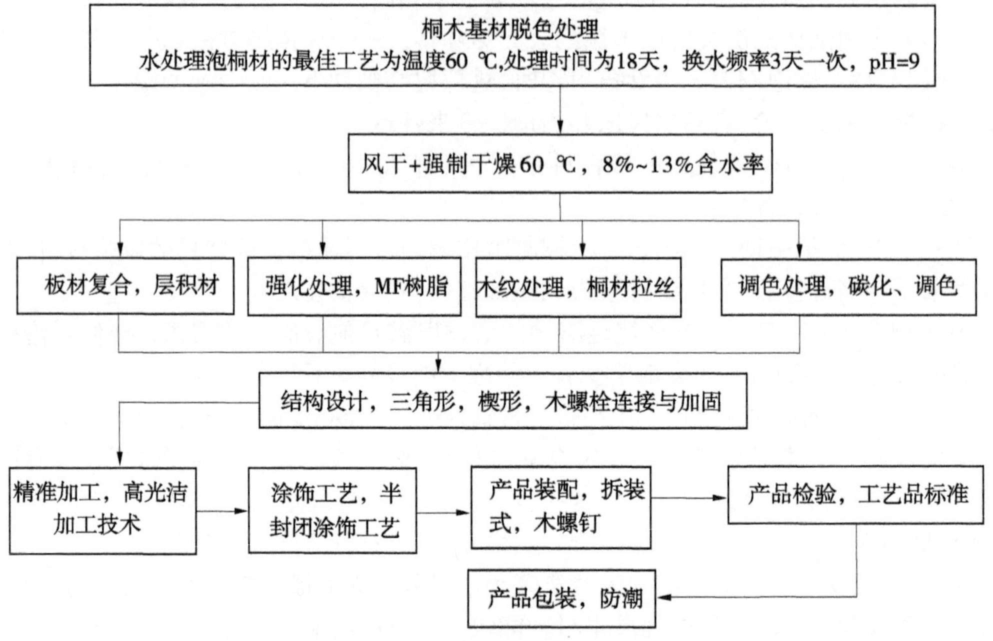

图 3-7　桐木制品工艺过程

度变化面前表现稳定,相对于其他大多数木种,很少收缩或膨胀。泡桐木耐用度很高,并且不容易腐烂。该木种不受害虫侵袭。

(5)绝缘性好。泡桐是良好的绝缘体。泡桐原木据说有 2 倍于松树或橡树原木的电阻系数。泡桐的耐温性也给它一个良好的防火性能。其着火点温度将近 400 ℃,这近乎于很多美洲硬木和软木的 2 倍。

(6)美观大方。泡桐有一个光亮外表。它树体通体无瑕,颜色多样,可以作为其他木种的替代品。一旦刨去外皮,其本身就能呈现出柔和内敛的光泽,其触感丝滑温润。

3.5.1　优点

(1)桐木具有耐腐烂、耐酸碱的特有的特点,不易磨损,所以衣柜用起来很耐用。

(2)桐材有一种优美、细腻的纹理,自然图案特好,做的衣柜显得外观好看。

(3)桐木不易劈裂,但木质软,易加工、易雕刻、易染色。制作衣柜的话,可以在其门板上刻以各式各样的花纹,增加其装饰性。

(4)具有不隔音、隔潮、保暖、不易被虫蛀等优点。

3.5.2　缺点

(1)桐木密度小,质感轻,强度低,不符合中国人的价值观念,中国人喜欢重一些的木材做家具。强度低,也导致桐木不适合做承重家具。

(2)桐木易变色。桐木变色原理比较复杂,在生产过程中难以控制,因而导致其应用范围受到限制。

第 4 章　木质林产品质量安全风险评价

在风险分析的基础上,将风险分析结果与预先设定好的风险准则进行比较,确定风险的等级,并对各种风险进行综合排序,为进一步的风险决策提供依据,这一过程就是风险评价过程。

木质林产品质量安全风险评价就是在对木质林产品质量安全风险因素识别分析的基础上,按照设定的风险准则进行评价,确定各类产品的质量安全风险等级。本书中涉及的木质林产品有原木、锯材、人造板、木家具、木地板、木结构材、防腐木材产品,对每一类木质林产品的风险均要进行风险评

4.1　质量安全风险等级划分及评价标准

4.1.1　木质林产品质量安全风险等级

针对木质林产品各类风险,根据其所导致的风险发生的可能性、风险后果严重程度,可估算出木质林产品质量安全的风险等级。木质林产品质量安全风险等级的划分采用风险矩阵法,具体如表 4-1 所示。

表 4-1　木质林产品质量安全风险等级矩阵

风险度量	后果严重程度					
		1	2	3	4	5
可能性	1	极低	极低	极低	极低	低
	2	极低	极低	低	中	高
	3	极低	低	高	极高	极高
	4	极低	中	极高	极高	极高
	5	低	高	极高	极高	极高

4.1.2　木质林产品质量安全风险综合评价标准

通过前面的风险识别可知,影响木质林产品质量安全的风险因素有技术和管理两方面。其中技术方面主要是产品自身属性的风险,管理方面主要涉及企业内部和外部的管理风险。在参考消费品质量安全风险等级评价标准的基础上,对影响木质林产品质量安全的三类风险分别进行风险评价,以各类风险中的最高风险等级作为木质林产品质量安全的风险等级。根据这个原则,结合前面对各类木质林产品质量安全风险等级的估算值及木质林产品质量安全风险等级矩阵图,可以确定木质林产品质量安全风险的综合评价标准,具体如表 4-2 所示。

表 4-2　木质林产品质量安全风险综合评价标准

风险等级	风险综合评估值	评价结果
极低	$R<5$	风险基本可以接受
低	$5\leqslant R<7$	风险存在,需警惕
中	$7\leqslant R<9$	风险显著,需采取措施降低风险
高	$9\leqslant R<12$	风险较高,需制定专门的控制措施降低风险
极高	$12\leqslant R$	风险极高,应尽可能规避和转移,且优先安排实施各项防范措施

表 4-2 中风险等级划分:$R<5$ 表示风险等级极低,风险基本可以接受;$5\leqslant R<7$ 表示风险等级低,风险存在,需要警惕;$7\leqslant R<9$ 表示风险等级中等,风险显著,需采取措施降低风险;$9\leqslant R<12$ 表示风险等级高,风险发生可能性高,且发生后影响严重,需要制定专门的控制措施来降低风险;$12\leqslant R$ 表示风险等级极高,风险肯定发生,且发生后影响极其严重,需要优先安排实施专项防范措施。

4.2　原　木

在对原木产品质量安全风险值进行估计后,根据木质林产品质量安全风险综合评价标准,最终得出原木产品的质量安全风险等级,具体如表 4-3 所示。

表 4-3　原木产品质量安全风险等级

一级指标	二级指标		风险值	风险等级
产品自身风险	物理风险		11.28	高
	生物风险		12.04	极高
企业内部风险	原辅材料		8.86	中等
	生产加工		9.53	高
	出厂检验		8.47	中等
企业外部风险	监管主体风险	政府	7.82	中等
		消费者	7.47	中等
		媒体网络	6.95	低
		行业协会	6.45	低
	监管依据风险		8.82	中等
	监管制度风险		7.48	中等

从表 4-3 中可以看出:

(1)综合来看,在原木产品质量安全的三类风险中,来自产品自身属性方面的风险等级要高于企业内部风险和企业外部风险。

(2)其中产品自身风险中的生物性风险等级要高于物理性风险等级,产品面临生物侵害的风险极高,该风险是由企业在原木存储和保管过程中操作不当造成的原木虫蛀和腐朽等问题,需要采取专门的控制措施进行应对。

(3)企业内部风险中,生产加工风险较原辅材料和出厂检验风险等级高,属于高风险,需要制定专门的控制措施来降低风险。其中生产加工风险是由伐木、集材和造材过程不合理而造成的原木折断、劈裂、抽心等缺陷;出厂检验风险主要因产品出厂检验不规范引起产品不合格。

(4)企业外部风险,即监管风险,主要来源于监管主体、监管依据和监管制度三个方面。其中在监管主体风险中,由政府监管和消费者引发的风险要高于其他监管主体引起的风险,政府主要表现在政府决策失误、监管不到位等;另外,监管依据和监管制度风险也属于中等风险,其主要因监管法律法规及标准依据的缺失、监管制度的不完善等引起;另外,在监管主体中,由媒体和行业协会引起的风险属于低风险,其中网络媒体方面主要通过大肆宣扬虚假信息、夸大事实真相给社会造成负面影响,行业协会主要是未能充分发挥自身职责引起的不良后果,这些风险虽达不到高风险级别,但是需引起警惕。

4.3　锯　材

在对锯材产品质量安全风险值进行估计后,根据木质林产品质量安全风险综合评价标准,最终得出锯材产品的质量安全风险等级,具体如表 4-4 所示。

表 4-4　锯材产品质量安全风险等级

一级指标	二级指标		风险值	风险等级
产品自身风险	物理风险		10.56	高
	生物风险		11.19	高
企业内部风险	原辅材料		8.99	中等
	生产加工		9.52	高
	出厂检验		9.02	高
企业外部风险	监管主体风险	政府	9.16	高
		消费者	7.31	中等
		媒体网络	6.49	低
		行业协会	6.20	低
	监管依据风险		8.36	中等
	监管制度风险		7.00	中等

从表 4-4 中可以看出:

(1)综合来看,在锯材产品质量安全的三类风险中,来自产品自身属性方面的风险等级和企业内部风险等级要高于企业外部风险。

(2)产品自身风险中的物理性风险和生物性风险都属于高风险等级。其中物理性风险主要是锯材缺陷较严重,生物性风险主要是锯材在储运过程中因保管和存储不当引起的生物侵害,需要采取专门的控制措施进行应对。

(3)企业内部风险中,生产加工风险和出厂检验风险均属于高风险,需要制定专门的控制措施来降低风险。其中生产加工风险主要因锯材生产后尺寸偏差不达标,锯材的腐朽、节子、裂纹和虫眼等缺陷不符合标准要求;出厂检验风险是因出厂检验不严、不规范所引起的。

(4)企业外部风险,即监管风险,主要来源于监管主体风险,由政府监管引发的风验要高于其他监管主体引起的风险,主要表现在政府决策失误、监管不到位等;监管依据和监管制度风险也属于中等风险,其主要因监管法律法规及标准依据的缺失、监管制度的不完善等引起;另外,在监管主体中,由媒体和行业协会引起的风险属于低风险,但是需引起注意。

4.4 人造板

在对人造板产品质量安全风险值进行估计后,根据木质林产品质量安全风险综合评价标准,最终得出人造板产品的质量安全风险等级,具体如表4-5所示。

表4-5　人造板产品质量安全风险等级

<table>
<tr><th>一级指标</th><th colspan="2">二级指标</th><th>风险值</th><th>风险等级</th></tr>
<tr><td rowspan="3">产品自身风险</td><td colspan="2">物理风险</td><td>10.54</td><td>高</td></tr>
<tr><td colspan="2">化学风险</td><td>15.29</td><td>极高</td></tr>
<tr><td colspan="2">生物风险</td><td>6.35</td><td>低</td></tr>
<tr><td rowspan="3">企业内部风险</td><td colspan="2">原辅材料</td><td>7.88</td><td>中等</td></tr>
<tr><td colspan="2">生产加工</td><td>8.17</td><td>中等</td></tr>
<tr><td colspan="2">出厂检验</td><td>7.22</td><td>中等</td></tr>
<tr><td rowspan="6">企业外部风险</td><td rowspan="4">监管主体风险</td><td>政府</td><td>8.43</td><td>中等</td></tr>
<tr><td>消费者</td><td>5.76</td><td>低</td></tr>
<tr><td>媒体网络</td><td>6.20</td><td>低</td></tr>
<tr><td>行业协会</td><td>5.52</td><td>低</td></tr>
<tr><td colspan="2">监管依据风险</td><td>7.09</td><td>中等</td></tr>
<tr><td colspan="2">监管制度风险</td><td>7.02</td><td>中等</td></tr>
</table>

从表4-5中可以看出:

(1)综合来看,在人造板产品质量安全的三类风险中,来自产品自身属性方面的风险等级要高于企业内部和企业外部的风险等级。

(2)产品风险中的化学性风险等级为极高,物理性风险属于高风险等级,生物性风险等级属于低风险。人造板产品的化学性风险主要涉及产品中的甲醛、重金属及有机挥发物及防腐剂毒性等,说明人造板产品在这些方面是存在极高风险的。该类风险一旦发生,对人身健康、环境及社会影响程度非常严重,相关部门需要优先安排实施专项防范措施,以应对人造板产品中有毒有害物质带来的危害。

(3)企业内部风险中,原辅材料、生产加工和出厂检验方面的风险均属于中等风险,相关部门需采取一定措施来降低风险。其中原辅材料风险主要因原料、胶粘剂及其他添加剂质量没有达到标准要求产生;生产加工风险主要由生产工艺不规范(如热压工艺、制胶工艺、施胶工艺不合理),生产线卫生状况不达标(化学药剂污染,如酸、碱、金属等)引起;出厂检验风险主要由出厂检验不规范引起。

(4)企业外部风险,即监管风险,主要来源于监管主体风险,由政府监管引发的风险要高于其他监管主体引发的风险,主要表现在政府决策失误、监管不到位等方面;监管依据和监管制度风险也属于中等风险,其主要由监管法律法规及标准依据的缺失、监管制度的不完善等引起;在监管主体中,由媒体和行业协会引起的风险属于低风险,但是需引起注意;另外,在监管主体中,由媒体和行业协会引起的风险属于低风险,其中网络媒体方面主要通过大肆宣扬虚假信息、夸大事实真相给社会造成负面影响,行业协会主要是未能充分发挥自身职责而引起不良后果,这些风险虽达不到高风险级别,但是需引起警惕。

4.5　木家具

在对木家具产品质量安全风险值进行估计后,根据木质林产品质量安全风险综合评价标准,最终得出木家具产品的质量安全风险等级,具体如表4-6所示。

表4-6　木家具产品质量安全风险等级

一级指标	二级指标		风险值	风险等级
产品自身风险	物理风险		9.1	高
	化学风险		13.92	极高
	生物风险		8.25	中等
企业内部风险	原辅材料		8.88	中等
	生产加工		9.3	高
	出厂检验		8.94	中等
企业外部风险	监管主体风险	政府	8.32	中等
		消费者	6.95	低
		媒体网络	6.73	低
		行业协会	5.70	低
	监管依据风险		8.49	中等
	监管制度风险		7.56	中等

从表4-6中可以看出:

(1)综合来看,在木家具产品质量安全的三类风险中,来自产品自身属性方面的风险等级要高于企业内部和企业外部的风险等级。

(2)其中产品自身风险中的化学性风险等级属于极高风险,物理性风险等级是高风险,生物性风险等级属于低风险。木家具产品的化学性风险主要由产品中甲醛、重金属及有机挥发物等有毒有害物质引起,由该类风险引发的产品质量安全事件影响严重,对人身健康、环境及社会影响程度极其严重,在采取措施时要优先考虑木家具的化学性风险。而木家具物理性风险主要由人造板产品中某些物理力学性能指标不达标引起,需要采取专门的控制措施进行应对。生物性风险属于中等风险,说明木家具面临的生物侵害的风险相比较化学性风险和物理性风险来说不是很严重,但也要引起相关部门的警惕。

(3)企业内部风险中,生产加工风险较原辅材料和出厂检验风险等级高,属于高风险,需要制定专门的控制措施来降低风险。其中生产加工风险主要由生产工艺不规范,生产线卫生状况较差引发产品质量安全问题;出厂检验风险主要因产品出厂检验不严引起。

(4)企业外部风险,即监管风险,主要来源于监管主体、监管依据和监管制度三个方面。其中在监管主体风险中,由政府监管引发的风险要高于其他监管主体引发的风险,政府主要表现在政府决策失误、监管不到位等方面;监管依据和监管制度风险也属于中等风险,其主要由监管法律法规及标准依据的缺失,监管制度的不完善等引起;另外,在监管主体中,由媒体和行业协会引起的风险属于低风险,其中网络媒体方面主要通过大肆宣扬虚假信息、夸大事实真相给社会造成负面影响,行业协会主要是未能充分发挥自身职责而引起不良后果,这些风险虽达不到高风险级别,但是需引起警惕。

4.6 木地板

4.6.1 实木地板

对实木地板产品质量安全风险值进行估计后,根据木质林产品质量安全风险综合评价标准,最终得出实木地板产品的质量安全风险等级,具体如表 4-7 所示。

表 4-7 实木地板产品质量安全风险等级

<table>
<tr><th>一级指标</th><th colspan="2">二级指标</th><th>风险值</th><th>风险等级</th></tr>
<tr><td rowspan="3">产品自身风险</td><td colspan="2">物理风险</td><td>11.64</td><td>高</td></tr>
<tr><td colspan="2">化学风险</td><td>11.18</td><td>高</td></tr>
<tr><td colspan="2">生物风险</td><td>8.95</td><td>中等</td></tr>
<tr><td rowspan="3">企业内部风险</td><td colspan="2">原辅材料</td><td>8.62</td><td>中等</td></tr>
<tr><td colspan="2">生产加工</td><td>8.61</td><td>中等</td></tr>
<tr><td colspan="2">出厂检验</td><td>8.26</td><td>中等</td></tr>
<tr><td rowspan="6">企业外部风险</td><td rowspan="4">监管主体风险</td><td>政府</td><td>8.43</td><td>中等</td></tr>
<tr><td>消费者</td><td>6.42</td><td>低</td></tr>
<tr><td>媒体网络</td><td>6.83</td><td>低</td></tr>
<tr><td>行业协会</td><td>6.25</td><td>低</td></tr>
<tr><td colspan="2">监管依据风险</td><td>7.92</td><td>中等</td></tr>
<tr><td colspan="2">监管制度风险</td><td>7.39</td><td>中等</td></tr>
</table>

从表 4-7 中可以看出:

(1)综合来看,在实木地板产品质量安全的三类风险中,来自产品自身属性方面的风险等级要高于企业内部和企业外部的风险等级。

(2)产品风险中的化学性风险等级和物理性风险等级要高于生物性风险等级。实木木地板产品的化学性风险主要涉及产品中的重金属及有机挥发物,说明实木地板产品在这些方面存在风险极高。该类风险一旦发生,对人身健康、环境及社会影响程度非常严重,相关部门需要优先安排实施专项防范措施,以应对实木地板产品中有毒有害物质带来的危害。

(3)企业内部风险中,原辅材料、生产加工和出厂检验方面的风险均属于中等风险,相关部门需采取一定措施来降低风险。其中原辅材料风险主要因木材有虫眼、开裂、腐朽、蓝变、死节等缺陷,原料含水率不符合要求,选用的油漆、涂料和胶粘剂等质量不过关引起;生产加工风险主要因工艺不规范、卫生状况不良、生产控制不严等造成产品质量安全问题;出厂检验风险主要因产品出厂检验不规范引起。

(4)企业外部风险,即监管风险,主要来源于监管主体、监管依据和监管制度三个方面。其中在监管主体风险中,由政府监管引发的风险要高于其他监管主体引发的风险,政府主要表现在政府决策失误,监管不到位等方面;监管依据和监管制度风险也属于中等风险,其主要由监管法律法规及标准依据的缺失、监管制度的不完善等引起;另外,在监管主体中,由媒体和行业协会引起的风险属于低风险,其中网络媒体方面主要通过大肆宣扬虚假信息、夸大事实真相给社会造成负面影响,行业协会主要是未能充分发挥自身职责而引起不良后果,这些风险虽达不到高风险级别,但是需引起警惕。

4.6.2　实木复合地板

在对实木复合地板产品质量安全风险值进行估计后,根据木质林产品质量安全风险综合评价标准,最终得出实木复合地板产品的质量安全风险等级,具体如表 4-8 所示。

表 4-8　实木复合地板产品质量安全风险等级

一级指标	二级指标		风险值	风险等级
产品自身风险	物理风险		11.64	高
	化学风险		13.27	极高
	生物风险		8.95	中等
企业内部风险	原辅材料		8.62	中等
	生产加工		8.91	中等
	出厂检验		8.26	中等
企业外部风险	监管主体风险	政府	8.43	中等
		消费者	6.42	低
		媒体网络	6.83	低
		行业协会	6.25	低
	监管依据风险		7.92	中等
	监管制度风险		7.39	中等

从表 4-8 中可以看出:

(1)综合来看,在实木复合地板产品质量安全的三类风险中,来自产品自身属性方面的风险等级要高于企业内部和企业外部的风险等级。

(2)其中产品自身风险中的化学性风险等级属于极高风险，物理性风险等级是高风险，生物性风险等级属于低风险。实木复合地板产品的化学性风险主要由产品中甲醛、重金属及有机挥发物等有毒有害物质引起，由该类风险引发的产品质量安全事件对人身健康、环境及社会影响程度极其严重，在采取措施时要优先考虑实木复合地板产品的化学性风险。而实木复合地板物理性风险主要由产品中某些物理力学性能指标不达标引起，需要采取专门的控制措施进行应对。生物性风险属于中等风险，说明实木复合地板产品遭受生物侵害的风险相比较化学性风险和物理性风险来说不是很严重，但也要引起相关部门的警惕。

(3)企业内部风险中，原辅材料、生产加工和出厂检验方面的风险均属于中等风险，相关部门需采取一定措施来降低风险。其中原辅材料风险主要因用料不符合要求，如存在节子、虫蛀、腐朽、裂缝、树脂囊等及原料含水率过高或过低等；生产加工风险主要因工艺不规范、卫生状况不良、生产控制不严等造成产品质量安全问题；出厂检验风险主要由产品出厂检验不规范引起。

(4)企业外部风险，即监管风险，主要来源于监管主体、监管依据和监管制度三个方面。其中在监管主体风险中，由政府监管引发的风险要高于其他监管主体引发的风险，政府主要表现在政府决策失误、监管不到位等方面；监管依据和监管制度风险也属于中等风险，其主要由监管法律法规及标准依据的缺失、监管制度的不完善等引起；另外，在监管主体中，由媒体和行业协会引起的风险属于低风险，其中网络媒体方面主要通过大肆宣扬虚假信息、夸大事实真相给社会造成负面影响，行业协会主要是未能充分发挥自身职责而引起不良后果，这些风险虽达不到高风险级别，但是需引起警惕。

4.6.3　强化木地板

在对强化木地板产品质量安全风险值进行估计后，根据木质林产品质量安全风险综合评价标准，最终得出强化木地板产品的质量安全风险等级，具体见表 4-9。

表 4-9　强化木地板产品质量安全风险等级

一级指标	二级指标		风险值	风险等级
产品自身风险	物理风险		11.64	高
	化学风险		13.72	极高
	生物风险		8.95	中等
企业内部风险	原辅材料		8.62	中等
	生产加工		8.91	中等
	出厂检验		8.26	中等
企业外部风险	监管主体风险	政府	8.43	中等
		消费者	6.42	低
		媒体网络	6.83	低
		行业协会	6.25	低
	监管依据风险		7.92	中等
	监管制度风险		7.39	中等

从表 4-9 中可以看出：

(1)综合来看，在实木复合地板产品质量安全的三类风险中，来自产品自身属性方面的风险等级要高于企业内部和企业外部的风险等级。

(2)其中产品自身风险中的化学性风险等级属于极高风险，物理性风险等级是高风险，生物性风险等级属于低风险。强化木地板产品的化学性风险主要由产品中甲醛、重金属及有机挥发物等有毒有害物质引起，由该类风险引发的产品质量安全事件对人身健康、环境及社会影响程度极其严重，在采取措施时要优先考虑实木复合地板产品的化学性风险。而强化木地板物理性风险主要由产品中某些物理力学性能指标不达标引起，需要采取专门的控制措施进行应对。生物性风险属于中等风险，说明强化木地板产品遭受生物侵害的风险相比较化学性风险和物理性风险来说不是很严重，但也要引起相关部门的警惕。

(3)企业内部风险中，原辅材料、生产加工和出厂检验方面的风险均属于中等风险，相关部门需采取一定措施来降低风险。其中原辅材料风险主要因木材有虫眼、开裂、腐朽、蓝变、死节等缺陷，原料含水率不符合要求，选用的油漆、涂料和胶粘剂等质量不过关引起；生产加工风险主要因工艺不规范、卫生状况不良、生产控制不严等造成产品质量安全问题；出厂检验风险主要由产品出厂检验不规范引起。

(4)企业外部风险，即监管风险，主要来源于监管主体、监管依据和监管制度三个方面。其中在监管主体风险中，由政府监管引发的风险要高于其他监管主体引发的风险，政府主要表现在政府决策失误、监管不到位等方面；监管依据和监管制度风险也属于中等风险，其主要由监管法律法规及标准依据的缺失、监管制度的不完善等引起；另外，在监管主体中，由媒体和行业协会引起的风险属于低风险，其中网络媒体方面主要通过大肆宣扬虚假信息、夸大事实真相给社会造成负面影响，行业协会主要是未能充分发挥自身职责而引起不良后果，这些风险虽达不到高风险级别，但是需引起警惕。

4.7　木结构材

在对木结构材产品质量安全风险值进行估计后，根据木质林产品质量安全风险综合评价标准，最终得出木结构材产品的质量安全风险等级，具体如表 4-10 所示。

从表 4-10 中可以看出：

(1)综合来看，在木结构材产品质量安全的三类风险中，来自产品自身属性方面的风险等级要高于企业内部和企业外部的风险等级，属于极高风险等级。

(2)木结构产品风险中的化学性风险和物理性风险为极高风险等级，生物性风险为高风险等级。木结构材产品的化学性风险主要涉及木结构用材中防腐防虫剂、阻燃剂(如含误阻燃剂)对生态环境和人体健康带来的风险。该类风险一旦发生，对人身健康、环境及社会影响程度极其严重，相关部门需要优先安排实施专项防范措施，以控制木结构材产品中有毒有害物质带来的危害。

(3)企业内部风险中，原辅材料、生产加工风险属于高风险等级，相关部门要制定专门的控制措施来降低风险；出厂检验风险属于中等风险，相关部门需采取一定措施来降低风险。其中原辅材料风险主要因原料选取不当,原材料的木节、斜纹、裂缝等缺陷严重引发;生产加工风险主要由生产工艺不规范(如室外用木结构材未做必要的防腐处理或处理不规范)引发环境和健康风险。

表 4-10　木结构材产品质量安全风险等级

一级指标	二级指标		风险值	风险等级
产品自身风险	物理风险		13.42	极高
	化学风险		12.28	极高
	生物风险		11.46	高
企业内部风险	原辅材料		9.78	高
	生产加工		9.57	高
	出厂检验		8.88	中等
企业外部风险	监管主体风险	政府	8.72	中等
		消费者	6.65	低
		媒体网络	5.92	低
		行业协会	5.98	低
	监管依据风险		8.57	中等
	监管制度风险		7.20	中等

(4)企业外部风险,即监管风险,主要来源于监管主体、监管依据和监管制度三个方面。其中在监管主体风险中,由政府监管引发的风险要高于其他监管主体引发的风险,政府风险主要表现在政府决策失误、监管不到位等方面;监管依据和监管制度风险也属于中等风险,其主要由监管法律法规及标准依据的缺失,监管制度的不完善等引起;另外,在监管主体中,由媒体和行业协会引起的风险属于低风险,其中网络媒体方面主要通过大肆宣扬虚假信息,夸大事实真相给社会造成负面影响,行业协会主要是未能充分发挥自身职责而引起不良后果,这些风险虽达不到高风险级别,但是需引起警惕。

4.8　防腐木

在对防腐木材产品质量安全风险值进行估计后,根据本质林产品质量安全风险综合评价标准,最终得出防腐木材产品的质量安全风险等级,具体如表 4-11 所示。

从表 4-11 中可以看出:

(1)综合来看,在防腐木材产品质量安全的三类风险中,来自产品自身属性方面的风险等级要高于企业内部和企业外部的风险等级,属于极高风险等级。

(2)防腐木材产品风险中的化学性风险和物理性风险为极高风险等级,生物性风险为高风险等级。木结构材产品的化学性风险主要涉及防腐木材产品生产中使用的防腐剂(如五氯苯酚、CCA、杂酚油等)引起环境和健康风险。该类风险一旦发生,对人身健康、环境及社会影响程度极其严重,相关部门需要优先安排实施专项防范措施,以控制防腐木材产品中有毒有害物质带来的危害。

(3)企业内部风险中,原辅材料、生产加工及出厂检验风险均属于高风险等级。其中原辅材料风险主要是由防腐剂质量不稳定及防腐用材质量不符合标准要求所引起的;生产加工风险主要是由防腐处理设备选择和安装不合理，防腐处理工艺不规范（不同含水率、不同树种、不同规格木材不应放在同一罐内处理），防腐木材存放和运输不当引发的环境和健康问题；出厂检验风险是由出厂检验过程把关不严引发的。对于该类等级的风险，相关部门要制定专门的控制措施来降低风险。

表 4-11　防腐木材产品质量安全风险等级

<table>
<tr><th>一级指标</th><th colspan="2">二级指标</th><th>风险值</th><th>风险等级</th></tr>
<tr><td rowspan="3">产品自身风险</td><td colspan="2">物理风险</td><td>12.25</td><td>极高</td></tr>
<tr><td colspan="2">化学风险</td><td>14.00</td><td>极高</td></tr>
<tr><td colspan="2">生物风险</td><td>8.45</td><td>中等</td></tr>
<tr><td rowspan="3">企业内部风险</td><td colspan="2">原辅材料</td><td>9.41</td><td>高</td></tr>
<tr><td colspan="2">生产加工</td><td>9.87</td><td>高</td></tr>
<tr><td colspan="2">出厂检验</td><td>9.36</td><td>高</td></tr>
<tr><td rowspan="6">企业外部风险</td><td rowspan="4">监管主体风险</td><td>政府</td><td>8.62</td><td>中等</td></tr>
<tr><td>消费者</td><td>7.2</td><td>中等</td></tr>
<tr><td>媒体网络</td><td>6.24</td><td>低</td></tr>
<tr><td>行业协会</td><td>6.53</td><td>低</td></tr>
<tr><td colspan="2">监管依据风险</td><td>8.15</td><td>中等</td></tr>
<tr><td colspan="2">监管制度风险</td><td>8.13</td><td>中等</td></tr>
</table>

（4）企业外部风险，即监管风险，主要来源于监管主体、监管依据和监管制度三个方面。其中在监管主体风险中，由政府监管引发的风险要高于其他监管主体引发的风险，政府风险主要表现在政府决策失误，监管不到位等方面；监管依据和监管制度风险也属于中等风险，其主要由监管法律法规及标准依据的缺失、监管制度的不完善等引起；另外，在监管主体中，由媒体和行业协会引起的风险属于低风险，其中网络媒体方面主要通过宣扬虚假信息、夸大事实直相给社会造成负面影响，行业协会主要是未能充分发挥自身职责而引起不良后果，这些风险远达不到高风险级别，但是需引起警惕。

第 5 章　木质林产品质量安全风险控制

风险监控是政府部门运用风险管理方法,有效组织社会资源,对产品中影响人身健康对生产安全的危害因素及其后果进行评估,最后根据评估结果提出和实施风险管理措施,防范产品质量安全风险。本章基于木质林产品质量安全风险评估结果,对中国木质林产品质量安全风险控制措施进行研究,针对各类木质林产品存在的质量安全风险问题,制定相应的风险控制措施,为政府及相关部门开展木质林产品质量安全管理提供参考。

5.1　木质林产品质量安全风险控制点及控制流程

以风险管理为基础的风险控制是综合考虑了风险发生可能性和后果严重程度。该方法是从降低危害发生的可能性和后果严重程度两方面来防范产品质量安全风险,从而提高产品质量安全水平。

木质林产品质量安全风险控制,就是在风险识别和风险评估的基础上,明确风险控制点,根据引发产品质量安全风险的风险控制点的类型和特点提出有针对性的风险控制措施,从而达到有效预防和控制风险的目的。

5.1.1　木质林产品质量安全风险控制点分析

在对木质林产品质量安全风险制定具体的风险控制措施前,首先要明确各类风险的风险控制点。在此基础上,根据风险控制点的具体特性、类型及所引起的风险的严重程度等级,将极高风险等级和高风险等级对应的风险控制点作为重点风险控制点;将中等风险等级对应的风险控制点确定为主要风险控制点;将低风险等级对应的风险控制点作为一般风险控制点。各类木质林产品质量安全风险控制点的分析结果具体如表 5-1 ~ 表 5-7 所示。

5.1.1.1　原木产品质量安全风险控制点分析

从表 5-1 中可知,原木产品质量安全风险的重点风险控制点为原木的储运和保管质量、原木外观质量、生产加工工艺。主要风险控制点为原材料质量、出厂检验、政府和消费者监管、监管依据制定和日常管理。其余为一般风险控制点。

5.1.1.2　锯材产品质量安全风险控制点分析

从表 5-2 中可知,锯材产品质量安全风险的重点控制点为锯材的储运和保管质量、锯材生产加工、出厂检验、政府监管环节。主要风险控制点为锯材用原材料质量、监管主体中消费者监管、监管依据制定和监管制度日常管理。一般风险控制点为行业协会和网络媒体监管。

表 5-1　原木产品质量安全风险控制点列表

风险名称		风险等级	风险控制点	主体责任单位
物理性风险		高	自身缺陷/外观质量	企业
化学性风险		—	—	—
生物性风险		极高	产品储运方式	企业
原辅材料		中等	原辅料质量	企业
生产加工		高	生产加工工艺	企业
出厂检验		中等	出厂检验	企业
监管主体	政府部门	中等	政府监管部门监管	政府监管部门
	消费者	中等	消费者监管	消费者
	行业协会	低	行业协会监管	行业协会
	网络媒体	低	网络媒体监管	网络媒体
监管依据		中等	监管依据制定	政府监管部门
监管制度		中等	日常管理	政府监管部门

表 5-2　锯材产品质量安全风险控制点列表

风险名称		风险等级	风险控制点	主体责任单位
物理性风险		高	生产过程	企业
化学性风险		—	—	—
生物性风险		高	产品储运环节	企业
原辅材料		中等	原料质量	企业
生产加工		高	生产加工工艺	企业
出厂检验		高	出厂检验	企业
监管主体	政府部门	高	政府监管部门监管	政府监管部门
	消费者	中等	消费者监管	消费者
	行业协会	低	行业协会监管	行业协会
	网络媒体	低	网络媒体监管	网络媒体
监管依据		中等	监管依据制定	政府监管部门
监管制度		中等	日常管理	政府监管部门

5.1.1.3　人造板产品质量安全风险控制点分析

表 5-3　人造板产品质量安全风险控制点列表

<table>
<tr><th colspan="2">风险名称</th><th>风险等级</th><th>风险控制点</th><th>主体责任单位</th></tr>
<tr><td colspan="2">物理性风险</td><td>高</td><td>生产过程</td><td>企业</td></tr>
<tr><td colspan="2">化学性风险</td><td>极高</td><td>胶粘剂及添加剂使用</td><td>企业</td></tr>
<tr><td colspan="2">生物性风险</td><td>低</td><td>储运方法</td><td>企业</td></tr>
<tr><td colspan="2">原辅材料</td><td>中等</td><td>原辅料质量</td><td>企业</td></tr>
<tr><td colspan="2">生产加工</td><td>中等</td><td>生产加工工艺</td><td>企业</td></tr>
<tr><td colspan="2">出厂检验</td><td>中等</td><td>出厂检验</td><td>企业</td></tr>
<tr><td rowspan="4">监管主体</td><td>政府部门</td><td>中等</td><td>政府监管部门监管</td><td>政府监管部门</td></tr>
<tr><td>消费者</td><td>低</td><td>消费者监管</td><td>消费者</td></tr>
<tr><td>行业协会</td><td>低</td><td>行业协会监管</td><td>行业协会</td></tr>
<tr><td>网络媒体</td><td>低</td><td>网络媒体监管</td><td>网络媒体</td></tr>
<tr><td colspan="2">监管依据</td><td>中等</td><td>监管依据制定</td><td>政府监管部门</td></tr>
<tr><td colspan="2">监管制度</td><td>中等</td><td>日常管理</td><td>政府监管部门</td></tr>
</table>

5.1.1.4　木家具产品质量安全风险控制点分析

从表 5-4 中可知，木家具产品质量安全风险的重点控制点为胶粘剂和添加剂（因为生产过程中需要添加胶粘剂、添加剂和较多的辅料）的生产和使用、木家具用原材料质量和产品的生产加工。主要控制点木家具的出厂检验、储运及使用环境。另外，政府部门作为外部监管主体，其监督管理过程也是重要的风险控制点；监管依据和制度作为风险管理的一种制度保障，也是主要风险控制点。

表 5-4　木家具产品质量安全风险控制点列表

<table>
<tr><th colspan="2">风险名称</th><th>风险等级</th><th>风险控制点</th><th>主体责任单位</th></tr>
<tr><td colspan="2">物理性风险</td><td>高</td><td>生产过程</td><td>企业</td></tr>
<tr><td colspan="2">化学性风险</td><td>极高</td><td>胶粘剂、涂料及其他添加剂使用</td><td>企业</td></tr>
<tr><td colspan="2">生物性风险</td><td>中等</td><td>储运和使用</td><td>企业</td></tr>
<tr><td colspan="2">原辅材料</td><td>中等</td><td>原辅料质量</td><td>企业</td></tr>
<tr><td colspan="2">生产加工</td><td>高</td><td>生产加工工艺</td><td>企业</td></tr>
<tr><td colspan="2">出厂检验</td><td>中等</td><td>出厂检验</td><td>企业</td></tr>
<tr><td rowspan="4">监管主体</td><td>政府部门</td><td>中等</td><td>政府部门监管</td><td>政府监管部门</td></tr>
<tr><td>消费者</td><td>低</td><td>消费者监管</td><td>消费者</td></tr>
<tr><td>行业协会</td><td>低</td><td>行业协会监管</td><td>行业协会</td></tr>
<tr><td>网络媒体</td><td>低</td><td>网络媒体监管</td><td>网络媒体</td></tr>
<tr><td colspan="2">监管依据</td><td>中等</td><td>监管依据制定</td><td>政府监管部门</td></tr>
<tr><td colspan="2">监管制度</td><td>中等</td><td>日常管理</td><td>政府监管部门</td></tr>
</table>

5.1.1.5　木地板产品质量安全风险控制点分析

从表 5-5 中可知,木地板质量安全风险的重点控制点为胶粘剂和各种添加剂(因为生产过程中需要添加胶粘剂、添加剂和较多的辅料)的生产和使用、木地板生产加工过程。主要风险控制点为木地板用原辅材料质量、生产加工工艺和出厂检验。另外,政府部门作为外部监管主体,其监督管理过程也是比较重要的风险控制点;监管依据和制度作为风险管理的一种制度保障,也是主要风险控制点。一般风险控制点为作为外部监管主体的消费者、行业协会和网络媒体等监管主体的监管。

表 5-5　木地板产品质量安全风险控制点列表

风险名称		风险等级	风险控制点	主体责任单位
物理性风险		高	生产过程	企业
化学性风险		高/极高	胶粘剂、油漆涂料及其他添加剂使用	企业
生物性风险		中等	产品储运和使用方法	企业
原辅材料		中等	原辅料质量	企业
生产加工		中等	生产加工工艺	企业
出厂检验		中等	出厂检验	企业
监管主体	政府部门	中等	政府监管	政府监管部门
	消费者	低	消费者监管	消费者
	行业协会	低	行业协会监管	行业协会
	网络媒体	低	网络媒体监管	网络媒体
监管依据		中等	监管依据制定	政府监管部门
监管制度		中等	日常管理	政府监管部门

5.1.1.6　木结构材产品质量安全风险控制点分析

从表 5-6 中可知,木结构材产品质量安全重点风险控制点为防腐剂等各种添加剂的生产和使用、产品生产过程(主要是产品结构设计)、原辅料质量和产品的使用环节。主要控制点为出厂检验。另外,政府部门作为外部监管主体,其监督管理过程也是比较主要的风险控制点;监管依据和制度作为风险管理的一种制度保障,也是主要风险控制点。一般风险控制点为消费者、行业协会和网络媒体等监管主体的监管。

5.1.1.7　防腐木材产品质量安全风险控制点分析

从表 5-7 中可知,防腐木材产品质量安全重点风险控制点为防腐剂的使用(因为生产过程中需要对产品进行防腐处理)、防腐处理工艺、原材料质量和出厂检验。主要控制点为防腐木材产品的使用环节。另外,作为外部监管主体的政府部门和消费者,其监督管理过程也是比较重要的风险控制点;监管依据和制度作为风险管理的一种制度保障,也是主要风险控制点。一般风险控制点为行业协会和网络媒体的监管。

表 5-6　木结构材产品质量安全风险控制点列表

风险名称		风险等级	风险控制点	主体责任单位
物理性风险		极高	生产过程	企业
化学性风险		极高	防腐剂、胶粘剂及其他添加剂使用	企业
生物性风险		高	使用环节	企业
原辅材料		高	原辅料质量	企业
生产加工		高	生产加工工艺	企业
出厂检验		中等	出厂检验	企业
监管主体	政府部门	中等	政府监管	政府监管部门
	消费者	低	消费者监管	消费者
	行业协会	低	行业协会监管	行业协会
	网络媒体	低	网络媒体监管	网络媒体
监管依据		中等	监管依据制定	政府监管部门
监管制度		中等	日常管理	政府监管部门

表 5-7　防腐木材产品质量安全风险控制点列表

风险名称		风险等级	风险控制点	主体责任单位
物理性风险		极高	防腐处理工艺	企业
化学性风险		极高	防腐剂的使用	企业
生物性风险		中等	使用环境	企业
原辅材料		高	原辅料质量	企业
生产加工		高	生产工艺	企业
出厂检验		高	出厂检验	企业
监管主体	政府部门	中等	政府监管	政府监管部门
	消费者	中等	消费者监管	消费者
	行业协会	低	行业协会监管	行业协会
	网络媒体	低	网络媒体监管	网络媒体
监管依据		中等	监管依据制定	政府监管部门
监管制度		中等	日常管理	政府监管部门

5.1.2　木质林产品质量安全风险控制流程

木质林产品质量安全风险控制具体流程如图 5-1 所示。由图 5-1 可知,木质林产品质量安全风险控制流程为:确定风险管理的对象,按照风险评估的流程对其存在的风险进行分析和评价;根据风险评估结果,分析和确定风险控制点,最后采取相应的风险控制措施。

风险管理对象有原木、锯材、人造板(胶合板、纤维板、刨花板和细木工板)、木家具、木地板(实木地板、实木复合地板和浸流层压木质地板)、木结构材产品和防腐木材产品七大类。

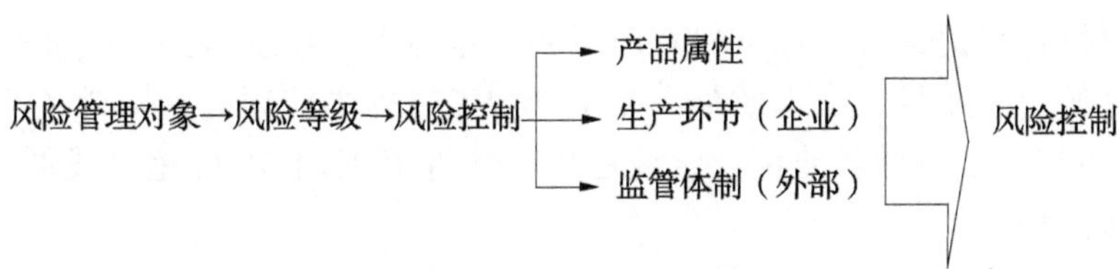

图5-1　木质林产品质量安全风险控制流程

风险等级:根据对这七大类产品进行风险分析和评价,最后确定风险等级为五级,即极高、高、中等、低、极低。

风险控制点主要集中在产品自身质量问题、产品生产加工过程和产品外部监管体系三个方面,并将其分为风险重点控制点、风险主要控制点和风险一般控制点三个等级。风险控制:依据各类木质林产品质量安全风险控制点等级的高低,采取相应的风险控制措施,具体包括木质林产品生产加工过程控制、木质林产品质量安全追溯和召回、木质林产品质量安全预警、木质林产品质量安全相关标准的制定和完善等。

5.2　木质林产品质量安全风险控制具体措施

木质林产品质量安全风险控制措施主要有两种,即管理措施和技术措施,具体如表5-8所示。对木质林产品质量安全风险实施风险控制措施,就是综合运用上述管理措施和技术措施;此外,还必须考虑外界影响因素(如社会和经济发展水平、公众认知和期望度、资金投入力度等)。

表5-8　木质林产品质量安全风险控制措施

分类	具体描述
管理措施	法律法规措施、政策措施、管理制度、管理体制等
技术措施	风险监测、风险识别和评估技术、风险控制技术、信息技术等

通过对木质林产品自身存在的质量问题、产品生产加工过程及产品外部监管体系进行风险分析,发现木质林产品质量安全的主要风险来自于产品生产加工过程和产品的外部监管环节。其中,产品生产加工过程主要涉及产品原辅材料质量、生产工艺控制和产品出厂检验环节;产品外部监管环节主要涉及监管主体(主要是政府部门和消费者)在监管过程中存在的风险,另外还有政府部门监管依据和监管制度的缺失等风险。所以,为解决上述木质林产品质量安全风险和危害,应从管理措施和技术措施两个方面对木质林产品质量安全风险进行控制,具体包括木质林产品原辅材料质量控制、生产过程控制(胶粘剂

和其他添加剂使用、生产工艺等)和木质林产品质量安全外部监管体系控制。

5.2.1　木质林产品生产加工过程控制措施

木质林产品生产加工过程主要包括原辅材料入厂、生产过程和出厂检验三方面。

5.2.1.1　原辅材料质量控制

一般木质林生产加工用原辅材料主要包括木材、人造板及其他木质材料,胶粘剂、油漆涂料、覆面材料、封边条等。原辅材料质量的安全与否直接影响到木质林产品的质量安全性能和产品的包装质量。在木质林产品生产加工过程中使用的原辅料必须符合规定要求,各种辅料的使用应注意其使用量应该在相应允许范围内,不得超过或低于规定限量,不得使用非法添加物等。

1. 制定原料验收标准

重点是对木材、人造板、油漆涂料、防腐剂等重要原辅材料的采购进行规范,检验规范应该包括技术要求和检验验证方法,其中要对验证项目、抽样方案和验证方法进行规定。原辅材料的检验规范要满足车间设备生产工艺需求(如油漆的黏度要满足设备要求);要满足产品质量要求(如生产家具用人造板甲醛释放量、板材物理力学性能、含水率及素板表面缺陷要满足家具生产要求);同时,验收方法要可行,技术指标的制定要有确凿的依据和历史数据。来料验收检验应包含原辅材料数量检验、外观检验、尺寸检验、理化性能指标及限值检验、安全项目及限值(如油漆、涂料及胶粘剂等有毒有害物质的限量)检验等。

2. 原料来源控制

对原材料采购始终坚持质量第一的原则,对供应商要精挑细选,选择有质量管理体系认证的正规厂家,从源头上保证产品质量。其具体控制措施主要包括以下几个方面:

首先,列出原辅材料清单,按照原辅材料的重要程度进行分类控制。将木材、人造板、油漆、胶粘剂和防腐剂等作为重要材料进行控制;其他材料作为一般辅助材料进行控制,如覆面材料、木皮、油漆稀释剂等。

其次,建立原料供方合格评价制度。对原材料供应方是否具有国家注册营业执照及资质或生产许可证书,是否具备基本的能够满足生产的设备、检测设备,产品能否达到国家标准要求,企业是否具备良好的信誉,产品质量能否达到企业要求,能否满足企业生产能力等方面进行评价。另外,供方必须能提供其所生产的产品的由资质权威部门(CNAS)出具的检测报告,尤其是板材、胶水和油漆等原料的供货商。

3. 原料验收控制措施

原料验收应严格遵循技术部门提供的标准及事先由技术部门制订好的抽样方案,一般采用《计数抽样检验程序 第1部分:按接收质量限(AQ L)检索的逐批检验抽样计划》(GB 2828.1—2003)对供方来料进行检验,对木材、人造板材一般进行抽检或全检;对油漆、胶粘剂及防腐剂等必须按要求进行全检。

外观检验根据验收标准进行,一般采用目测、手感及特定检测仪器进行检测。重点关注原料种类、数量、外观质量缺陷(如节子、腐朽、虫蛀等)、产品标识、合格证明等。

理化指标验收要按照加工企业制定的验收标准,一般采用特定检测仪器、产品检验报告及抽样送检进行常规的理化项目检测，如原材料规格、含水率、理化性能指标等。

安全项目（有毒有害物质）验收要按照加工企业制定的验收标准进行。通过实验室或委托认可的实验室对安全项目进行检测，禁用的添加剂不得检出，限用的添加物要符合中国木质林产品相关安全标准或进口国安全质量规定的最大残留限量值。

4. 验收后原料的处置

对于合格的原料，要贴上合格标识，通知库房人员办理入库。原辅材料入库要根据原辅材料自身属性、特点进行，按照原辅材料仓储管理流程、原则进行存放。

对于入厂检验中发现的不合格原材料要拒绝入库，并进行退货处理，同时追溯督查，查明原因。对生产过程中发现的不合格的原材料，要进行标记、隔离、退库处理，事后将问题告知供应商，并对问题物料进行跟踪处理。

5.2.1.2　生产加工环节控制

1. 生产工艺控制

对于首次使用的原料、新工艺等进行试制并进行质量安全控制项目的检测；根据试制并经检测合格的结果确定批量生产工艺要求，经审批后再投入批量生产；生产中原料、工艺要求如果有变动，应该经过质量安全项目控制管理机构重新验证和审批。

2. 生产过程控制

企业在保证生产设备完好和工作仪表等仪器设备准确的情况下，应根据实际情况制定《产品生产工序质量控制规程》，即通过检测及调节生产过程的方法来控制质量。把木质林产品质量控制从最终的产品检验提前到产品生产过程的控制，使产品质量控制更加有效。具体做法是：企业应该根据生产工艺要求和产品质量动态识别确定质量安全项目控制关键点，并编制相应的管理文件进行有效实施；对于影响质量安全项目的关键控制点的关键生产工艺参数，如温度、压力、时间、添加剂量值等进行有效控制并记录，譬如木材热处理的温度、时间等，油漆、胶粘剂的调和比例等。

另外，生产人员的专业技术水平等人为因素也是造成原材料质量不合格的关键因素，如叉车工撞坏托盘、纸盒，人为调整生产工艺导致基材的性能结构破坏等。

5.2.1.3　产品出厂检验控制

检验人员要按照相应的产品标准、检验标准、产品生产许可证实施细则规定对每批产品进行检验，保证检验数据科学、准确。对于产品达不到标准要求的，不准入库和出厂。

5.2.2　建立加工企业质量安全控制体系

通过对木质林产品生产、流通过程进行研究，建立木质林产品生产企业在设计开发、生产工艺、出厂检验、售后服务的全程质量监控体系（见图5-2），完善企业自检自控能力，在品质指标符合标准要求的前提下，重点关注可能用于木质林产品生产的禁用添加物（如国家禁止使用的防腐剂、添加剂）和限用添加物的检测。

一是加强原辅材料监控。通过对木质林产品上游产业链的原辅材料（主要包括木材及其他木质材料、人造板、原木、锯材、油漆、胶粘剂、封边材料等）的生产商和供货商质量监测，确保原材料合格、环保。

二是重视产品设计过程。严格按照产品特点及用途，设计原辅材料用量、规格及配比、产品结构等,如刨花和纤维形态规格级配比、产品板坯结构等。

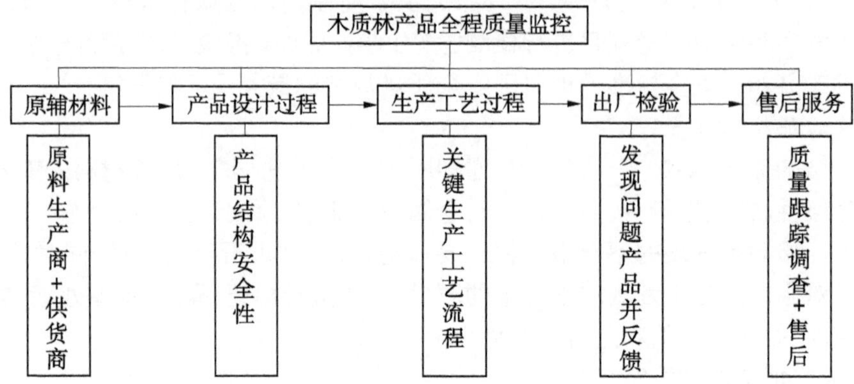

图 5-2 人造板产品质量安全生产监控体系

三是完善生产工艺过程监控。通过对产品生产工艺过程进行实时监控,确保各工序的质量,提高产品质量。如胶合板生产中对单板的干燥、施胶、预压、热压等工艺过程的监控来确保各工序符合生产工艺要求,减少不合格产品发生。

四是抓好出厂检验过程监控。产品在出厂前必须进行抽样检验,要严格按照标准进行,保证出厂产品合格。同时对问题成品进行数据信息汇总,并反馈给相关生产小组。

五是完善售后服务监控。对销售的产品进行质量跟踪,对问题产品进行质量调查,并反馈给生产管理和技术质量管理部门。

5.3 木质林产品质量安全政策建议

5.3.1 完善体系建设,构建安全保障

5.3.1.1 健全木质林产品质量安全相关法律法规

目前,国家还未真正出台针对木质林产品质量安全及其风险管理的法律法规。为保障木质林产品质量安全,国家要积极推动木质林产品安全、质量责任追究法律法规的制修订,推动木质林产品质量安全监管部门规章制度,建立无缝衔接的监管体系,从源头避免可能出现的各类质量安全隐患,同时出台相应的财政政策和激励政策。

5.3.1.2 加快建设木质林产品质量检验监测体系

2012 年国家林业局《全国林产品质量检验检测体系建设规划(2011—2020 年)》进一步明确了林产品检验检测体系建设的目标,对检测范围、检测能力及检测水平方面都进行了详细规定。各级各地要根据实际情况,加快质监机构及其配套设施建设,完善检测手段,提高检测能力。在此基础上,不断健全木质林产品质量安全检验检测体系,满足木质林产品生产全过程监管需要。同时充分利用现代化技术手段,提高质检机构信息化水平,实现木质林产品质量安全检测信息共享。

5.3.1.3 加快制定涉及木质林产品质量安全的相关标准

尤其要加快对涉及环境、安全、健康等重要木质林产品的标准制定工作,如重点加强

对涉及公共安全(如结构人造板)、环境保护及卫生健康等标准的研究与制定,进一步完善木质林产品质量安全标准体系。

同时应积极引进和采用国际标准,加快木质林产品生产加工技术规范、产品质量安全标准的制定与配套完善。加强木质林产品标准制修订工作,完善木质林产品质量安全国家标准体系,严格控制木质林产品中有毒有害物质的含量。深入贯彻木质林产品质量安全相关标准,鼓励企业制定严于国家标准的产品标准,引导木质林产品生产经营企业按标准组织生产、加工和销售。加强木质林产品标准宣传和执行情况的跟踪评价,开展木质林产品强制性标准实施情况的监督检查,提高标准的实施效果。

5.3.1.4　加强木质林产品人才队伍体系建设

严格按照《质量发展纲要》要求,提高企业全员质量意识和质量技能。

加快木质林产品质量安全监管队伍建设。从法律法规、木质林产品标准及林产品质量安全相关知识学习和培训方面,提高监管人员素质、业务水平及监管能力。

加快木质林产品质量安全标准化人才队伍建设。在加强标准化专家队伍建设的基础上,全面实施木质林产品质量安全人才培养计划。

5.3.2　实施认证管理,加强质量管理

5.3.2.1　加快完善木质林产品的认证化管理

《林业产业振兴规划(2010—2012)》明确规定:建立和完善木材经营加工许可证制度,对资源消耗高、产品质量不达标、环境污染严重的加工企业予以取缔,严禁游离甲醛含量超标的产品流入市场;从木质林产品产业链源头控制新增产能,对不符合产业政策和生产许可要求的,坚决不发证;继续推进森林认证和林产品产销监管链认证,加强林产工业企业环境认证和质量认证工作。中国应深入贯彻落实该规划,加快建立和完善木质林产品认证化管理。

5.3.2.2　加快实施产品质量分类监管模式,督促企业落实质量主体责任

根据《中华人民共和国产品质量法》《中华人民共和国工业产品生产许可证管理条例》《工业企业产品质量分类监管试行办法》等有关法律法规,对涉及公共安全、人体健康和生命财产安全的木质林产品实施产品质量监督分类管理。围绕《全国重点工业产品质量监督目录》,质监部门根据木质林产品质量安全风险程度、企业履行产品质量主体责任情况,对木质林产品质量安全进行分类监管。同时,督促木质林产品生产加工企业严格执行各项政策法规及标准,落实企业质量主体责任。

5.3.2.3　严厉查处质量违法行为,加强质量诚信体系建设

1. 严厉查处质量违法行为

对于无证生产、制售假冒伪劣产品、不符合强制性标准的企业要进行严厉打击,并曝光其质量违法活动。对于那些产品质量低劣、管理粗放、加工装备落后的企业要坚决整顿。对情节严重的违法企业,地方政府要坚决取缔。对存在突出质量问题的木质林产品集中产区,要积极报告当地政府开展综合整治。

2. 加强质量诚信体系建设

构建木质林产品质量诚信体系,引导和推动本质林产品生产经营企业树立诚信至上

的经营理念。利用信息化手段,推动建立木质林产品生产企业质量信用档案和产品质量信用信息平台,将不良企业及其严重违法行为记入档案,依法向社会披露和曝光。要大力宣传质量信誉高的生产经营厂家。同时加强政府部门、行业协会、林木制品重点使用单位之间质量信用信息共享,完善对失信企业的联合惩戒机制。

5. 3. 3　加强行业自律,促进公众参与

积极推动木质林产品相关行业协会发挥职能优势;加强木质林产品相关行业协会的行业自律建设,督促会员加强质量诚信建设和市场竞争自律;充分利用广播、电视等各种资源,大力宣传和普及木质林产品质量安全知识。开展质量安全志愿服务活动,鼓励政府、企业及公众积极参与,共同推动木质林产品质量提升。

5. 3. 4　提高消费者质量安全意识,加强信息共享和交流

消费者是木质林产品生产的最终环节,消费者对木质林产品的质量安全意识将对整个生产链的管理控制起到有效的监督作用。分析近年来木质林产品质量安全事件,主要原因是消费者无法了解风险信息,未能及时规避风险。所以,政府部门应尽快建立木质林产品质量安全风险信息公开制度,如产品标签制度,将木质林产品中的配料(添加剂、防腐剂等)标注在产品包装上,以保证广大消费者对可能出现的风险进行预防,同时让消费者积极参与管理,减少因信息不对称带来的不利因素。

第 6 章　木质林产品相关法律法规及标准要求

6.1　国外技术法规标准要求

木材、木制品、家具等木质林产品与人类生活息息相关,这类产品在生产中要添加各种化工产品,如油漆涂料、胶粘剂、防腐剂等,这些添加物中可能含有甲醛、乙醚、苯、五氯苯酚、重金属等有毒有害物质,容易给环境和人体健康带来危害,世界各国非常关注这类产品的安全问题,通过制定技术规范加强产品认证和提高产品质量安全水平。

6.1.1　欧盟及其成员国的技术法规与标准要求

欧盟及其成员国设置的技术性贸易壁垒是最严格的。欧盟针对木制品及家具的技术法规众多。其中对木制品及家具产品中有害物质的项目、指令、限量都有明确的规定,具体见表 6-1。

表 6-1　欧盟木制品、木家具产品中有害物质的项目、指令、限量

产品名称	项目与限量关系	主要法律法规及标准
家具用人造板	甲醛:E_1、E_2 级	89/106/EEC 建筑产品指令 2003/02/EC 木材防腐剂砷限制指令
	五氯苯酚≤5 mg/kg	
家具用木材、木制品	五氯苯酚≤5 mg/kg 砷(砒霜):禁用	
家具表面油漆涂层	可溶重金属元素	94/62/EC 包装和包装废物指令 76/769/EEC 欧盟有害物质限制指令
户外家具、儿童家具	产品安全性	2001/95/EC 欧盟一般产品安全指令
软体家具面料	禁用偶氮染料≤30 mg/kg	2002/61/EC 禁用有害物质偶氮染料指令
	五氯苯酚≤5 mg/kg	91/173/EEC 五氯苯酚指令
	总镉≤100 mg/kg	91/338/EEC 镉含量指令
	含溴阻燃剂≤0.1%	2003/11/EC 禁用两种含溴阻燃剂指令

6.1.1.1　**禁止使用砷的指令** 2003/02/EC

2003 年 1 月 6 日,欧盟委员会通过了 2003/02/EC 指令,严格限制经过砷防腐处理的木材进入市场,这项指令于 2004 年 6 月 30 日起生效,规定要求所有防腐处理过的木材、木制品在投放市场前,需加贴标签“含砷,仅供专业或工业用”;另外,包装上也应该加贴标签“搬运时,请戴手套;加工时,请戴上口罩并保护眼睛,该木材的废料为危险性废料,需要经过授权后才能处理";并且禁止在以下几个方面使用:无论何种用途的家用木制品;任何可能与皮肤接触的设备;农业上用于牲畜的围栏;在海水中;可能接触到人、畜使用的木制品或半成品;不可用于任何用途的工业用水处理。

6.1.1.2 欧盟 REACH 法规

2006 年 12 月 18 日,欧盟议会和欧盟理事会正式通过化学注册、评估、授权和限制法规(简称"REACH"),并于 2007 年 6 月起正式实施。REACH 法规的管理对象有制造商、进口商、下游用户(分销商和消费者不属于下游用户)。REACH 法规管理的物质范围包括:

(1)自然状态下存在或通过生产过程获得的化学元素及其化合物,包括加工过程中使用的添加剂和产生的杂质,但不包括任何一种在不影响其稳定性或改变其成分的概况下就可被分离的溶剂。

(2)欧盟制造或进口的全部化学物质、配制品和物品。木制品家具制造业作为化工产品的下游产业会受到严重影响(家具生产中要使用大量化学品)。

6.1.1.3 欧盟生态家具要求

木制品、家具在生产过程中要使用到油漆涂料、胶粘剂、防腐剂等化学用品,均不同程度地含有甲醛、甲苯、苯酚、重金属等有毒有害物质,这些物质若处理不当,会对人体健康、环境安全产生危害。欧盟于 1992 年构建生态标签体系,欧盟对生态家具的限制物质主要包括禁用偶氮染料、五氯苯酚、甲醛、阻燃剂、有机锡化合物、其他杀虫剂及重金属。

6.1.2 美国的相关技术法规及标准要求

美国消费品安全领域规定的技术法规主要包括《消费品安全法规》《联邦危险品法规》《可燃纺织物法规》《包装防毒法规》《制冷器安全法规》。与木材、木制品及木家具相关的技术法规主要如表 6-2 所示。

6.1.2.1 胶合板与复合木制品中有害气体污染释放标准 40CFR Part G3 DDDD

美国国家环保署规定胶合板和复合木制品中含有的有害空气污染物主要包括但并不限于:乙醛、丙烯醛、甲醛、甲醇、苯酚以及丙烯酸脂甲醛。该法规规定要将胶合板和复合木制品中释放的有害空气污染物(HAP)从每年的 6 600~11 000 t 降低到每年 5 900~9 900 t;将挥发性有机化合物(VOC)从原来每年的 14 000~27 000 t 减少到 13 000~25 000 t;该法令中所指的复合木制品产品包括阔叶木和针叶木胶合板、干燥单板、刨花板、纤维板、硬纸板、定向刨花板、层积材、木质梁、烘干材、胶粘层积梁等。

6.1.2.2 木质建材表面涂层中有毒有害气体污染物国家标准 40CFR Part 63 QQQQ

这个法规对这类木质建筑产品中的有害空气污染物(HAP)的限量进行了规定,具体见表 6-3。

表 6-2　美国木制品、木家具产品中有害物质的项目、指令、限量

产品名称	项目与限量要求	主要法律法规及标准
家具用原材料(如木材、木制品、人造板、油漆涂料等)	胶合板、地板等级刨花板甲醛≤0. 2 mg/kg; 刨花板(除地板级)、中密度纤维板甲醛≤0. 3 mg/kg	美国《复合木制品甲醛标准法案》、40CFR P63 美国危险气体污染物国家释放标准、EPA 美国环保署法则、CPSC 美国消费品安全委员会法则、美国联邦法规 24CFR 3280 家庭建筑及安全标准等
	油漆涂层中:总铅≤0. 06% 可溶重金属(含 8 个)	美国联邦法规 16CFR 1303 禁止含铅油漆及部分使用含铅油漆产品
	砷:禁用	EPA 美国环保署法规
	五氯苯酚:禁用	EPA 美国环保署法规
儿童家具	安全性能	儿童家具安全、《消费品安全法案》(2008 年 8 月 14 日起实施)
软体家具	防火阻燃	美国联邦法规、加州防火法规等
胶合板与复合木制产品	有害空气污染物限量	EPA 美国环保署法规; 40CFR Part 63 DDDD 美国对胶合板与复合木质产品中有害气体污染释放标准
木制建材	表面涂层有毒气体限量	40CFR Part 63 QQQQ 美国对木质建材表面涂层有毒气体污染物国家标准

表 6-3　木质建筑产品有害空气污染物的限量要求

木质建材名称	有机 HAP 限量
门、窗和杂件(包括门、窗、成型的门皮、门和窗的配件,如模板、装饰板或其他杂件)等木料建筑产品,但不仅限于所有的模板和装饰板等	≤231 g/L
地板及地板的子目录(包括实木地板、强化木地板、实木复合地板等)	≤93 g/L
室内墙壁用的镶嵌板和花装饰板及其子目录	≤183 g/L
其他室内用镶嵌板	≤20 g/L
围边和首层门皮	≤7 g/L

6. 1. 2. 3　美国住房与城市发展部(HUD)对甲醛的限量的要求

正常情况下,室内或室外空气中的甲醛平均含量应该低于 0. 06 mg/kg,世界卫生组织(WHO)推荐的室内甲醛含量为不大于 0. 05 mg/kg。美国住房与城市发展部(HUD)在"家庭建筑及安全标准 24CFR 3280"中对甲醛限量要求为:家居中使用的人造板和家具用人造板的甲醛平均含量应该不超过 0. 2~0. 3 mg/kg。

6.1.2.4 美国《复合木制品甲醛标准法案》(法案 S.1660)

该法案旨在对美国境内供应、销售、要约销售或生产的硬木(阔叶材)胶合板、中密度纤维板和刨花板及含以下板材原料的制成品制定全国统一的甲醛释放标准,该法案对甲醛释放限量规定:

(1)硬木(阔叶材)胶合板:单板芯层甲醛释放限量小于等于 0.05 mg/kg(相当于 0.062 mg/m^3);2011 年 7 月 1 日后,复合板材芯层甲醛释放限量小于等于 0.05 mg/kg(相当于 0.062 mg/m^3)。

(2)中密度纤维板:2011 年 7 月 1 日后,甲醛释放限量小于等于 0.11 ppm(相当于 0.135 mg/m^3)。

(3)薄型中密度纤维板:2012 年 7 月 1 日后,甲醛释放限量小于等于 0.13 mg/kg(相当于 0.160 mg/m^3)。

(4)刨花板:2011 年 7 月 1 日后,甲醛释放限量小于等于 0.09 mg/kg(相当于 0.111 mg/m^3)。

美国《复合木制品甲醛标准法案》规定的甲醛释放限量检测、认证等必须通过第三方认证实施,如果要将产品销往美国,必须接受认证检测。相比中国,美国产品甲醛释放限量可靠性高,对产品监管力度大。

6.1.3 日本的相关技术法规要求

日本将桌、椅、柜、沙发、双层床、床垫、橱柜、婴儿床等家具产品归为消费类产品,对这类产品的质量安全设有专门的技术法规;而将木制品归类为工业类产品范畴,对这类产品也进行了技术法规的设定,具体如表 6-4 所示。

表 6-4 日本对木制品及木家具主要质量安全要求

产品名称	主要法律法规及标准
家具类产品(含桌、椅、柜、床、橱柜、婴儿床等)	《消费品安全法》
	《家用物品质量标签法》
	《农林产品规格与标签法》
	《反不正当补偿和误导性表述法》
	《法律规定基础上的自愿性标签》
木制品类(含胶合板、纤维板、刨花板及其制品、木地板等)	《建筑基准法》
	《消防装置法》
	《工业安全与健康法》
	《居室质量保证法》
	《家用物品质量标签法》
	《法规规定基础上的自愿性标签》

其中,《建筑基准法》是日本政府为了防止室内装修污染综合症,确保居室不被有害

化学物质污染,对家具及其原材料中甲醛释放限量进行规定的技术法规。

2003 年日本农林水产部重新对相关建筑材料的 JAS 标准进行了修订,这些标准都属于强制性标准。在新修订的《建筑基准法》中,依据甲醛的释放量标准对建材(如胶合板、集成材、地板、单板层积材及定向刨花板)进行划分。其中修订的甲醛要求为:胶合板、地板、单板层积材及定向刨花板甲醛释放量等级为:F☆☆☆☆,F☆☆☆,F☆☆,F☆;集成材甲醛释放量等级为:F☆☆☆☆,F☆☆☆,F☆☆,F☆S;日本经济工业部门也修订了 JIS(日本工业)相关结构材料,如中密度纤维板、刨花板、油漆、胶粘剂等相应的甲醛释放量的标准,具体为:F☆☆☆☆,F☆☆☆,F☆☆。

其中:F☆☆☆☆表示每小时每平方米甲醛释放量低于 0.005 mg 的建材,其涂装面积不受到限制;F☆☆☆表示每小时每平方米甲醛释放量处于 0.005~0.02 mg 的建材,其涂装面积将会受到限制;F☆☆表示每小时每平方米甲醛释放量处于 0.02~0.12 mg 的建材,其涂装面积将会受到严格限制。

6.1.4　英国家具的防火安全条例

英国针对所有出口到本国的家具产品制定了家具防火安全条例。条例规定,出口到英国的家具必须要达到相应的防火阻燃要求,并符合防火标签规定。该条例的适用范围涉及私人用途的家具(含儿童家具)、床、床头板、床垫(任意尺寸)、沙发床、用于室内的花园家具、用于家具的松动的及可延伸的覆面等产品。

6.2　中国相关法律法规及标准要求

近几年国家质检总局发布了《关于对出口木制品及木家具实施检验监管工作的通知》(国质检检函〔2007〕1011 号)、《关于对进出口人造板及其制品增加有害物质检测的通知》(国质检检函〔2003〕987 号)等。这是中国进一步做好出口木制品及木制家具检验监管工作,维护对外贸易正常发展的强有力保障。同时,中国也先后颁布了多项与人造板及其制品、木家具有关的产品检验与有害物质限量标准,主要包括《室内装饰装修材料 人造板及其制品中甲醛释放限量》(GB 18580—2017)、《室内装饰装修材料 溶剂型木器涂料中有害物质限量》(GB 18581—2009)、《室内装饰装修材料 胶粘剂中有害物质限量》(GB 18583—2008)、《室内装饰装修材料 木家具中有害物质限量》(GB 18584 —2001)、《家具消费使用说明 家具》(GB 5296.6—2004)等。

6.2.1　人造板及其制品中甲终释放限量

《室内装饰装修材料 人造板及其制品中甲醛释放限量》(GB 18580—2017)对室内装饰装修用人造板及其制品(含地板、墙板等)中的甲醛释放量的限制要求、检测方法和检验规则进行了规定,具体如表 6-5 所示。

6.2.2　木家具中有害物质限量

《室内装饰装修材料 木家具中有害物质限量》(GB 18584—2001)特别是对木家具中

的可溶性重金属元素和甲醛释放量的限制要求进行规定,该标准适用于室内使用的各类木家具产品,具体如表 6-6 所示。

表 6-5　人造板及其制品中甲醛释放量试验方法及限量值

产品名称	试验方法	限量值	使用范围	限量标志
中高密度纤维板、刨花板、定向刨花板	穿孔萃取法	≤9 mg/100 g	可直接用于室内	E1
		≤30 mg/100 g	必须经过饰面处理后才允许用于室内	E2
胶合板、装饰单板贴面胶合板、细木工板	干燥器法(9~11 L)	≤1.5 mg/L	可直接用于室内	E1
		≤5.0 mg/L	必须经过饰面处理后才允许用于室内	E2
饰面人造板(包括浸渍纸层压木质地板、实木复合地板、竹地板、浸渍胶纸饰面人造板	气候箱法	≤0.12 mg/m^3	可直接用于室内	E1
	干燥器法(40 L)	≤1.5 mg/L		

表 6-6　木家具中有害物质限量

项目		限量值
甲醛释放量(mg/kg)		≤1.5
重金属含量(限色漆)(mg/kg)	可溶性铅(Pb)	≤90
	可溶性镉(Cd)	≤75
	可溶性铬(Cr)	≤60
	可溶性汞(Hg)	≤60

6.2.3　胶粘剂中有害物质限量

《室内装饰装修材料 胶粘剂中有害物质限量》(GB 18583—2008)对室内建筑装饰装修材料用胶粘剂中有害物质限量及实验方法等进行了规定,该标准适用于室内建筑装饰装修用胶粘剂。

6.3　安全性能项目与检验方法

各国和各地区对于木材、木制品及木家具中的安全性能项目的检验方法见表 6-7。

表 6-7　安全性能项目与检验方法标准

安全性能指标	国别/地区	检验标准
甲醛释放量	中国	《人造板及饰面人造板理化性能试验方法》穿孔法(GB/T 17657—1999) 《室内装饰装修材料 人造板及其制品中甲醛释放量的测定》(GB 18580—2001)干燥器法(9L-11L) 《室内装饰装修材料 人造板及其制品中甲醛释放量的测定》(GB 18580—2001)干燥器法(40L) 《室内装饰装修材料 人造板及其制品中甲醛释放量的测定》(GB 18580—2017) 气候箱法
	美国	《干燥器法对木制品中甲醛含量测定的标准测试方法》(ASTMD5582-00)干燥器法(9L-11L) 《用小气候箱法测定空气中来自木制品之甲醛浓度的标准试验方法》(ASTMD6007—02)气候箱法
	英国	《穿孔法测定木制面板甲醛释放》(BS EN120:1992)穿孔法 《木制板材中甲醛释放量的测定 第一部分:气候箱法测定甲醛释放量》(BS EN717-1:2004(E))
	日本	JIS A1460:2001 干燥器法(9L-11L)
	中国台湾地区	《单板层积材》(CNS11818—1995)干燥器法(40L)
五氯苯酚含量	英国	《木材防腐剂和经防腐处理木材的标准检验方法 第6部分:含五氯苯酚、五氯苯基月桂酸酯、六六六和狄试剂的防腐剂和经防腐处理的木材的定量分析》(BS5666-6:1993) 《木材与木制产品的耐久性 木材中五氯苯酚的测定 气相色谱法》(BS PD CEN/TR14823—2003)
砷及砷化合物含量	英国	《木材防腐剂和经防腐处理的木材 第3部分:含铜、铬、砷配方的防腐剂和经防腐处理的木材的定量分析》(BS5666.3:1991)
重金属含量	中国	《室内装饰装修材料 木家具中有害物质限量》(GB 18584—2001)

参考文献

[1] 中国林产工业协会地板专业委员会. 2016 年中国地板销量情况[EB/OL]. http: //www. cnfloor. org, 2017-01.

[2] 实木复合地板:GB/T 18103—2013[S].

[3] 地板界. 2013 年中国地板行业年度报告[J]. 中国人造板,2014(4):12-53.

[4] 人造板及其表面装饰术语:GB/T 18259—2009[S].

[5] 韩建. 人造板表面装饰工艺学[M]. 北京:中国林业出版社,2014.

[6] 浸渍胶膜纸饰面人造板:GB/T 15102—2006[S].

[7] 詹先旭,谢序勤,叶交友,等. 浸渍胶膜纸饰面胶合板和细木工板生产工艺[J]. 木材工业,2016,30(2):57-59.

[8] 彭立民,王金林,刘美宏,等. 浸渍胶膜纸饰面胶合板和细木工板消费指南[R]. 北京:中国林产工业协会,2016.

[9] 王建军. 集成材的生产工艺及胶合质量[J]. 家具,2001(2):16-17.

[10] 韩铖,于晓云,周强,等. 浅析集成材生产工艺[J]. 辽宁林业科技,2004,1(1):31-33.

[11] 秦绪春,任宗来,王永福,等. 集成材的生产工艺[J]. 吉林林业科技,1999,6(143):56-58.

[12] 张金菊,申世杰. 集成材概述[J]. 木材加工机械,2006,2:43-47.

[13] 刘晔, 缪东玲. 中国胶合板高国际市场占有率的原因及分析[J]. 林业经济问题, 2013, 33(5): 447-452.

[14] 叶克林, 熊满珍. 我国胶合板生产和贸易的现状和展望[J]. 木材工业, 2006, 20(2):26-29.

[15] 王瑞, 吕斌, 唐召群, 等. 对我国胶合板产业发展的几点建议[J]. 林产工业, 2016, 43(1): 19-22.

[16] 陈勇, 张曦. 我国人造板进出口现状及目标市场分析[J]. 中国人造板, 2017, 24(7):1-6.